珍珠之路

大溪地珍珠之父温惠仁的创业之路

[法] 波勒·洛东（Paule Laudon） 著　　卫溦 钟一 译

ROBERT WAN
LA ROUTE DE LA PERLE

上海交通大学出版社
SHANGHAI JIAO TONG UNIVERSITY PRESS

内容提要

本书介绍了"大溪地珍珠之父"温惠仁86年的人生故事。温惠仁于1934年出生于大溪地。多元文化融合的特殊背景经历成就了他不平凡的一生,他也是白手起家远赴南洋打拼的华人的骄傲。他与中国和法国政府领导人相识,被时任法国总统希拉克授予法国国民最高荣誉——骑士勋章。因为他的成就,大溪地珍珠被列为"法国唯一原产宝石"。本书展示了他一生中起起伏伏的人生故事,他的人生哲学和智慧,以及他的企业家精神。

本书可供对创业感兴趣的读者阅读,也可供喜爱传记的读者阅读。

图书在版编目(CIP)数据

珍珠之路:大溪地珍珠之父温惠仁的创业之路 /
(法)波勒·洛东著;卫澈,钟一译. —上海:上海交
通大学出版社,2021
ISBN 978-7-313-23974-7

Ⅰ.①珍… Ⅱ.①波… ②卫… ③钟… Ⅲ.①温惠仁
—传记 Ⅳ.①K835.655.38

中国版本图书馆CIP数据核字(2020)第207324号

珍珠之路——大溪地珍珠之父温惠仁的创业之路
ZHENZHU ZHILU — DAXIDI ZHENZHU ZHIFU WENHUIREN DE CHUANGYE ZHILU

著　者:[法]波勒·洛东(Paule Laudon)　　译　者:卫澈　钟一
出版发行:上海交通大学出版社　　　　　　　地　址:上海市番禺路951号
邮政编码:200030　　　　　　　　　　　　　电　话:021-64071208
印　制:上海万卷印刷股份有限公司　　　　　经　销:全国新华书店
开　本:880mm×1230mm　1/32　　　　　　　印　张:8.125
字　数:141千字
版　次:2021年1月第1版　　　　　　　　　　印　次:2021年1月第1次印刷
书　号:ISBN 978-7-313-23974-7
定　价:68.00元

温鸿公，温惠仁的父亲

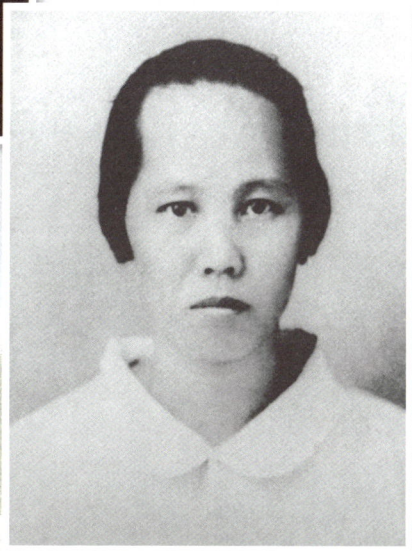

丽梅，温惠仁的母亲

温惠仁的家庭（1950年）

温惠仁的家庭，兄弟姐妹（20世纪70年代初）

温惠仁的家庭（2002 年）

珍珠养殖场，塔库，曼加雷瓦

天空中俯瞰的南马茹提岛

南马茹提岛，瓦伊诺诺基地

南马茹提岛，阿拉欧姆基地

——在南马茹提岛劳作的工人

美国宝石学院罗伯特·温教学楼落成仪式，
以此表彰温惠仁先生在珍珠养殖业的杰出贡献

于罗伯特·温珍珠博物馆接待法国前总统雅克·希拉克（Jacques Chirac）（2013
年7月）

1998 年于大溪地建成的罗伯特·温珍珠博物馆

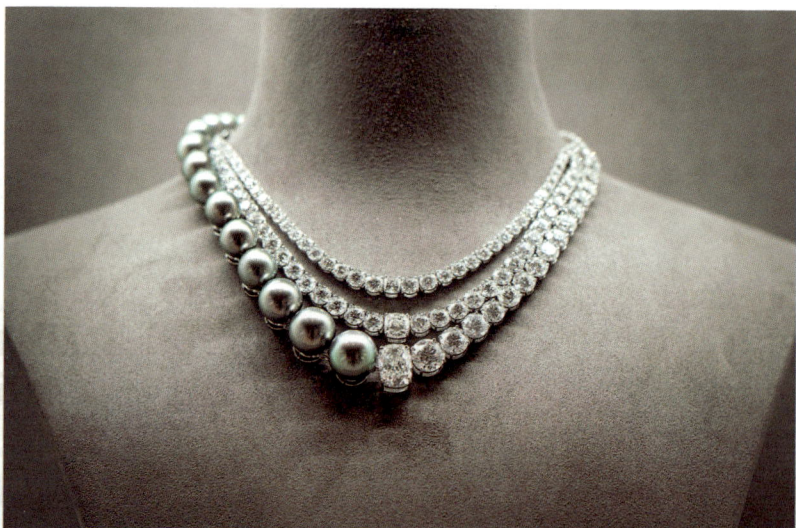

与设计师阿尔诺·弗朗波共同设计创作的"恩佐项链"

序

　　一头金发的法国飞行员戴上墨镜，他推拉着操纵杆，我们的单翼飞机以70度的弧度掠过大溪地上空。窗外下方，纯净的潟湖透着层层叠叠的蓝，被珊瑚礁环抱在无垠的南太平洋之中……这架比奇350是我的老板温惠仁先生的私人飞机，我正陪他前往大溪地岛以东1 470千米的南马茹提岛、传说中他的私人珍珠岛考察。大约飞了2个小时，飞机突然在一阵气流中剧烈颠簸，把我从瞌睡中唤醒。睁眼，安静的机舱内，大家好像都睡着了，只有86岁的温先生一人没有休息。他正戴着老花眼镜，对着平板电脑回邮件，打字时十指如飞，神情专注而执着。良久，才倚窗眺望一眼下面的太平洋，眼中透着一股温和而有力的光芒。

　　飞机降落在珍珠岛上，我们参观完珍珠养殖场、插核室等地后，温先生放下手中的珍珠母贝——黑蝶贝，说："我带你们出海吧！"这时，天空噼里啪啦地下起了雨，身穿T恤及一条宽松休闲短裤的老板，欢快地招呼宾朋上了快艇。"坐好了吗？"随即一声轰鸣，这位岛主已亲自发动快艇引擎，以丝毫不逊于007的英姿，带着大伙迎着风浪驶入那片一望无际的蔚蓝……

他是谁？他是温惠仁，一位来自天堂小岛的传奇人物。一个华人的名字？没错，他是1934年出生于大溪地、说着地道法语的法籍客家人。他是谁？他是南太平洋的华人首富代表，在当地的知名度仅次于主席的第二号人物。他被美国《时代》杂志誉为"大溪地珍珠之王"（the emperor of Tahitian pearls）。他坐拥3个私人岛屿、5架私人飞机、8家大型珍珠养殖场和世界唯一的大溪地珍珠博物馆。他旗下的珍珠是全世界最高品质大溪地珍珠的代名词，被法国政府认定为"法国唯一的原产宝石"。

我与这位传说中的温先生结识于2011年的夏天。我在大学毕业后开始为他的公司效力。"法语""大溪地""珠宝"这3个满含浪漫主义色彩与幻想的关键词，让上外法语系毕业的我几乎没有丝毫犹豫，便认定了自己的第一份工作。与温先生第一次见面是在上海仙霞路的高级写字楼办公室，他身着深蓝色衬衫，个子不高但十分精神，浅浅的眉毛下是一对弥勒佛似的笑眼，全然没有"商业巨擘"或"霸道总裁"的距离感。他说话时还不乏一丝自嘲的法式幽默。我怀着初入职场的谨慎与敬畏之心用敬称与他交流，他却对我说："On peut se tutoyer."意思是我们之间可以用"你"来称呼，不需要用"您"。

虽已 86 岁高龄，这位"珍珠之王"依然拥有无比的活力。谁说滑雪仅是年轻人的运动？每年冬天，他都会在法国的瓦尔迪泽尔小镇住上 1 个月去高山滑雪，这一习惯已经坚持了 40 多年。受他的感染，我也爱上了这项运动。在阿尔卑斯山脉海拔 3 000 多米的雪道上，只见一个头戴黑色头盔的矫健身影，一左一右地挥动着滑雪杖，从我身边掠过。身体的重心在左右腿之间自如切换，以蛇型弧线急速而下，那正是宝刀未老的温先生。我加速前行，抬头望向湛蓝的天，感受着高山刺骨的风，身后便是 4 810 米的欧洲屋脊"勃朗峰"。滑雪结束后，我问："是什么让您坚持了这么久的滑雪运动？"温先生在雪中踱步，回答道："高山滑雪是一项高强度的身体锻炼，在极寒中运动可以为身体的每个细胞重新赋能。"他还说，自己有个生活在阿尔卑斯的法国老朋友让·保罗（Jean Paul），40 多年来，每年冬天都在此一聚，从昔日的滑雪教练变成了如今的滑雪好搭档。"当然，还有个原因，"温先生狡黠一笑，"这里的雪道对 75 周岁以上的老年人免费开放，我能不好好享受下这个福利？"温先生打趣地说。的确，高山滑雪可以让身体的能量淋漓释放，满世界蓝白的视觉美景更是在洗涤每个人的双眼和内心。

80多岁的温先生和年轻时一样，几乎每个月都会到大溪地、巴黎、迪拜、香港、上海等地出差。2019年10月，温先生受邀作为海外侨胞的代表参加了国庆70周年招待会及国庆观礼，我陪同温先生飞抵北京。温先生会说客家话，普通话说得不那么流畅。他告诉我，孩童时期他在大溪地华人学校念小学，小时候不听话，被父亲在孙中山先生的画像前用皮鞭打屁股的场景历历在目。说着，他还在手机中找出70多年前他在大溪地华人小学毕业证书的照片给我看。从清晨5：30集合出发前往观礼台至深夜23：00回到酒店，那次国庆观礼必然是他一生中难忘的记忆。举国同庆的10月1日，温先生的感言并没有太多，而当联欢晚会上25米高的烟花树在夜幕中伴着巨幅国旗旋转升腾时，我看到了他深邃的眼神里最温柔的底色，浸润着身为华人的感动和自豪。而那一天，正是他85周岁的生日。

成长于遥远的波利尼西亚，拥有融贯东西的眼界，温先生始终不忘中国是他引以为豪的根系。他在大溪地的宅邸中，建有一个温家家族的供龛，收藏着中国字画、刻有古诗的中国屏风，以及他80大寿时专程从上海空运请去的一座一米多高的观音像。2018 年秋天，我陪同温先生踏上了云南—波利尼西亚寻根之旅。这次探访缘起于 20 年前他在昆明的一次偶然发现：云南某少数民族的图腾与他所在的法属大溪地波利尼西亚人的图腾非常相似。波利尼西亚人的祖先是否为云南的先民？他希望能深入少数民族族群的源头，找到其中的联系。那次探访，他与云南省历史学家、云南省文史馆馆员等专家一行对古滇和云南远古文化脉络进行了探寻。在云南民族村里，温先生见到一个佤族的小伙子与波利尼西亚小伙一样黝黑，图腾相似，便主动上前，用不太流利的中文问他："我能与你照相吗？"他眼睛里闪耀着喜悦，纯真得如同一个孩子。

温惠仁，这个蕴含着儒家意味的中国名字，恰恰是对温先生人格最完美的诠释。在他 2 年前的生日宴上，我送给他一幅书法——《佛心》，即慈悲心、解脱心、清净真如心。他在位于大溪地的私人珍珠岛上，与小岛 300 多位员工一起参加周末的教堂礼拜，那是精神信仰的虔诚传递。他在小岛上为员工盖起私人诊所，为员工提供舒适的住宿，许多员工一生追随着他的事业。他会为年长的老员工寻觅更合适的工作，并继续雇用他们的孩子。虽然被冠以"珍珠之王"的头衔，他却更是大家心中的保护神，被亲切地称为小岛上的"爸爸"。

温先生一生获奖无数，在 2000 年，温先生荣获了法国国民的最高荣誉——"十字骑士勋章"，由时任法国总统雅克·希拉克亲自颁发。不为人知的是，从 1980 年希拉克第一次到访大溪地并与温先生结识，他们的友谊维持了 40 多年，直至这位前总统 2019 年底逝世。那时，温先生正在日本京都，得知消息，他的心情很沉重，他伏案提笔，亲自给希拉克的妻子贝尔纳黛特写下一封悼念信："真诚坦言，他是法国历史上最好的一位总统。我作为一位拥护者、一位朋友，致以最深切的悼念。"

在我为温先生工作的 9 年里，他始终信任且激励我，为我提供更好的平台。我去天堂海岛大溪地出差过 8 次，直至对他的"大宝库"如数家珍。作为他的忠实粉丝，在去美国旅行期间，我曾特地拜访了美国宝石学院（GIA），找到了以他的名字罗伯特·温（Robert Wan）命名的、位于加利福尼亚总部的宝石学分院。我一直觉得温先生是我人生中遇到的一位贵人，能够参与他的传记的翻译工作是我的荣幸。温先生的格局和眼界，他的为人处事之道，对我的影响将持续一生。在参与翻译的过程中，我一次次被他的故事所打动。有些部分我曾听他本人娓娓道来，脑海中回想起他昔日诉说时的模样；有些篇章我不曾得知，如饥似渴地阅读原著时的惊喜发现如同揭开了被历史封存的莫高窟壁画。而我最有幸的是能够参与和见证他最近几年的人生故事。他是老板，但更像一位亲人，用一种流淌进生命的巨大能量，滋养着我和无数感恩他的人。从白手起家到成为"珍珠之王"，他的人生传奇如同经历了时间的洗礼后孕育出的一颗闪耀着人性光辉的珍珠。

度过了7个本命年后，他的活力值依旧满分。2019年的生日宴上，他举杯对大家说："我的人生第三篇章'回归中国'其实才刚刚开始。"

在2020年11月的世界珍珠大会上，Robert Wan大溪地珍珠进入"2020胡润全球珍珠企业创新品牌榜"前五。温惠仁说："珍珠，我为之倾注了毕生心血的迷人珠宝。今天，我将它献给为它永恒之美所倾倒的每一位女性。"

卫激

Robert Wan Group 总裁助理、中国区市场总监

前　言

　　这是一个关于男人的故事。有关他生命中经过的形形色色的地方，有关他在中国广东清溪镇的客家族血统。1904 年，他的父亲温鸿公（Wan Kong Fung）正是从清溪小镇启程，跨过千山万水来到大溪地，此后毕生定居于此。我们将一路追随他的脚步，迎来本书的主人公——1934 年出生在帕皮提的温惠仁（Robert Wan）——我们将共同见证他与珍珠命中注定的相遇，以及这场相遇将如何改变他的人生。

　　天然珍珠，古已有之。早在 1893 年，日本已开始钻研养殖珍珠的生产。1962 年，大溪地也开始着手培育当地的珍珠。

　　温惠仁正是在大溪地加入了这场冒险，并将养殖珍珠的品质提升至世界顶级水平。波利尼西亚环礁的潟湖，孕育出了世界上最珍贵稀有的黑珍珠，它们拥有完美无瑕的形状、优雅迷人的光泽、深沉丰富的色调。温惠仁的珍珠之旅遍及南太平洋的多座岛礁：从曼加雷瓦（Mangareva）、南马茹提（Marutea sud）到奥凯纳（Aukena）、嫩奥嫩奥（Nengo Nengo）、阿努阿努拉罗（Anuanuraro）、法卡拉瓦（Fakarava）和帕皮提。他将成色最好的珍珠带往东京、香港、巴黎、伦敦、纽约，以及多哈、阿布扎比、迪拜，还有上海……在中国，他回到了自己的家乡寻根。

他建立起属于自己的珍珠王国，成了名副其实的"珍珠之王"。岁月匆匆，如今的他，是大家族里备受尊敬的长者，子孙满堂：第一次婚姻的三个孩子——布鲁诺（Bruno）、盖伊（Guy）和米兰达（Miranda）早已各自组建家庭；小儿子托马斯（Thomas）还在求学中；孙辈们——理查德（Richard）、约翰尼（Johnny）、纪尧姆（Guillaume）、亚历山德里娜（Alexandrine）、让-塞巴斯蒂安（Jean Sébastien）、杰里米（Jeremy）和布里安（Bryan）——也都已长大成人。

借由我的笔，温惠仁试图传递一种榜样精神。正如他常说的那样："能够从大溪地一个默默无闻的客家人，一步步赢得国际声誉并跻身华人名流，这一切都要归功于从父母身上继承来的重要的人生观和价值观。"

我在这里讲述他的故事，就如同我曾为自己的母亲，为同在波利尼西亚生活过的画家高更和马蒂斯所做的一样。温惠仁是成功人士的典范，是优良传统和基本价值观的传承者，是对生命注入无限热爱的实践者。他人生中的每一个节点，都成了记忆长河里的引领线索，勾起我们对他所到之处、所提及的人物及其历史的回溯。

在此，我以对温惠仁的采访稿为基础（其中记录了他人生的点滴，从出生、成长到事业的成功与发展壮大，以及他人生的奋斗与自我超越），融入了我的个人记忆（我们彼此相识已有五十载）；同时参考了从各类渠道（包括托比亚克图书馆、大溪地土地志、谷歌等）搜集而得的资料；另外，借鉴此前我个人有关古代和现代波利尼西亚生活著作的素材；还有必不可少的、来自他同代人的生动叙述。所有这些汇集而成，令我写就了这部书。大多数时候，当谈及温惠仁时，人们的回答总是不假思索而又惊人的相似："温惠仁？他是个大商人。他不只是个生意人，更是个品格高尚的人，慷慨大方、彬彬有礼。他是个绅士。"

目 录

此时此刻，在大溪地

　　早起的温惠仁，此刻正在自家的亲水露台上，品味着一天中的第一杯茶，享受着美妙的黎明时光。

　　他侧耳聆听，睡梦中的屋子悄然无声，潟湖的汩汩流水在他脚下低语，轻轻拍打着停泊在码头的游艇，那是一艘竞赛用的顶级赛艇。他静静地观察着崭新一天的到来，欣赏着转瞬即逝的神奇刹那。

　　大溪地群岛东海岸最高的山脉背后，太阳正徐徐升起，玫瑰色的天光渐渐展露，映照出美轮美奂的云彩。阳光抚摸着礁石，追逐着不断拍击海岸的白色浪花。

　　第一道曙光缓缓抵达维埃提村，温惠仁的宅邸就坐落在这儿。这里过去是一家酒店，由他亲自改建成了私人住宅。晨曦的微光照耀下，这栋屋子逐渐从阴影中显露出迷人的模样。宽大的露台，竹子和棕榈木打造的平房结构，周围枝繁叶茂、花团锦簇，蔚为壮观的杧果树和皇家棕榈树傲然仁立，这在大溪地岛实属稀有的物种。

这片名为法勒乌蒂的大型地块位于帕皮提的东北区，离市中心不远，毗邻港口。这栋酒店建筑不是现代主义风格，而是由传统的单元组成，拥有一个恰如其分的名字"Le Village"（法语意为"村庄"）。最初，温惠仁收购此地，是为了将其纳入一个庞大的项目中，尽管最终没能实现。

Le Village 荒置多年后，温惠仁在此安家，令它重新焕发生机。他保留了建筑的沿海部分，把这里布置成自己的办公室和私人别墅，并在这里盛情招待朋友和生意伙伴。屋子的后部是属于家人的生活空间，他的姐姐伊莉斯（Elise）、儿子布鲁诺、女儿米兰达都住在这里。

温惠仁酷爱这清晨的独处时光。今天在帕皮提，如同在他生命中探访过的其他任何地方一样，早早起床，凝望、欣赏美丽的曙光。他渴望完成自己的承诺。他还有很多事要做！事实上，他已经做了许多。

夜色慢慢褪去，缤纷的色彩——显现。他用一双专注的眼睛，追随着周围色彩的变化。

这双眼睛总是带有敏锐而生动的目光，有时甚至显得有些严厉，但无论何时都充满睿智；是来自生活的幽默和欢愉，令他的眼中拥有温柔的底色，闪烁着动人的光芒。

这份含蓄的温柔，深藏在他的内心，鲜少流露。

他是个善良的人。乐观、理性、克制。

他热爱沉思，总为自己保留着特别的时刻，正如此刻独自欣赏清晨的奇观。

这个早晨，他来回踱步，陷入沉思，回望自己一路走来，那些令他引以为傲的成功，那些使他变得更强大的失败。

身为一名具有超凡工作能力的活动家，他意志坚定，严于律己，以同样的标准要求自己和他人。他富有企业家精神，热衷于走得更远，热衷于冒险，更深谙绝地逢生的本领。

得益于后天养成的优秀品格，以及与珍珠的邂逅，温惠仁的事业可谓大获成功。他说："这是珍珠带来的好运。"甚至说，是珍珠让他找到了人生的意义。

他成了一名伟大的商人，周游世界各地的他，拥有企业、控股公司、商场和精品店，拥有土地、岛屿、房子、自己的博物馆、各式收藏，还有他的两架私人飞机——比奇（Beechcraf）1900 和 350，他因这一切而富有。

他在世界范围内得到尊重，获得了极具分量的美国宝石学院（GIA）的认可，还获得了包括法国国家功勋骑士奖章和法国荣誉勋位勋章在内的各类嘉奖。近日，他更是在中国获得"亚洲珠宝"大奖（JNA）的最高奖项"终身成就奖"。作为一名成功人士，他常常作为华人界的模范人物被提及和报道，他同时也是华人华侨界重要的捐赠者之一。

华人，见证了人类历史上不可思议的冒险，世界的各个角落都遍布着中华民族的后裔。据统计，目前全球有37个华人社群，约5 000万人……

尤其是在19世纪，中国经历了一场声势浩大的海外移民潮，在此之前，中国的移民还仅限于境内。饥荒和战争迫使当时的中国人移居海外，正在加速工业化的西方国家对廉价劳动力的大量需求也为当时最贫苦的人们提供了机遇……

这些移民形成了最初的华人社区，他们的后人在各自定居的土地上，继承了丰富的中华文化，并将其发扬光大。

2000年，由新加坡华裔中心（Chinese Heritage Centre）支持出版、太平洋出版社发行的法语版《海外华人百科全书》的序言，正是出自温惠仁之笔：

"在迎来第三个千禧年之时，我希望将这本书献给我的父母，向他们敢于在大溪地群岛安家的勇气致敬。我幸运地出生在那里。我同时想到了近百年来在法属波利尼西亚定居的所有华人，通过自己的辛勤劳作和令人难以置信的同化速度，他们在这个地区获得了重要的经济和政治地位。正是因为中华文化对于'勤奋'的注重，让华侨能够在全世界具备无与伦比的强大力量。"

这个早晨，温惠仁陷入了沉思。"勤奋"的精神铸就了如今的他，这不容辩驳。而他所信奉的儒家思想的其他美德，诸如自律、孝顺、尊重他人、宽容、诚实、慷慨、节俭、谦逊……他是否曾经有所背离？

在他的职业生涯中，他不得不成为在生意场上强硬的人物。他不得不战斗，比其他人更迅速地作出反应，或者说更灵活应变。他不得不挤压竞争对手，甚至彻底地击垮对方。不过，他永远尊重他们。他从不会使出卑劣或阴险的手段。他既不是不择手段的残酷"鲨鱼"，也不是一个无情的杀手。

温惠仁对他人的尊重，也同样体现在他对大自然的态度上。他尽其所能，保护大溪地环礁岛上潟湖的生态环境不遭破坏……

同时，对于自己的成就和名望，他也时刻保持警醒。但曾几何时，他是否也陶醉其中？他始终都那么谦逊吗？是否时不时地也会有些许自恋？

在欲望和激情的驱使下，他是否能够始终保持清醒？他是否也曾表现出古板、急躁、无情或偏执？

无论如何，不灭的好奇心，对学习的渴望，对自我修养的渴求，在艺术和体育运动中得以休憩，都是温惠仁生活里的标签。他最大的特质，是对"美"全心全意的热爱，当然也包括对女性的热爱——尽管因此带来了许多纷扰！对友谊的信任和忠诚，和无论对亲友还是陌生人的慷慨大方，都让他散发出非凡的人格魅力。

当然，首先还是对家人的爱。

他的父母早已离世，他和 11 个兄弟姐妹一起，形成了自己的家族。

尽管时常和子孙分隔两地，他的生活里依然到处可见他们的身影。第一段婚姻带来的 3 个孩子，他虽曾尽其所能对他们关心，却因为过于繁忙的工作、异地与离婚的现实而难以实现；之后，他有了第 4 个也是最小的儿子（如今 17 岁），这一次，他尽心尽责。现在，有 7 个孙辈都叫他"公公"，身为爷爷的他时常露出慈祥的微笑……

83 岁的温惠仁子孙满堂，而他仍像个小伙子一般精力充沛。他每天都会健身，常年滑雪，热衷于钓鱼、游泳和徒步……他的生活规律而健康。他在法国、中东地区和中国过着多姿多彩的生活。他是"空中飞人"，穿梭于世界各地，常常坐飞机与他的合作者或家人会面。

这时，天亮了。阳光灿烂，房屋周围的迷人景致与这栋建筑本身的魅力变得格外清晰，丰富的细节映入眼帘。温惠仁按照自己的品位和喜好装点此处——无数次旅行途中入手的世界各地的家具、艺术品、工艺摆件和画作——多元文化交融，中国、波利尼西亚和西方风格交相辉映……

既有重现昔日辉煌的青花瓷，其中有一些是明朝的古董，拥有细腻的蓝色纹样；也有晶莹剔透的水晶花瓶收藏；还有一尊寓意欢乐富足的佛像……

当然，珍珠在屋内也随处可见，但并不会显得抢眼，而是精心低调地点缀于各类建筑结构中：古朴的门框、窗棂、桌子、窗帘，熠熠生辉的绝美吊灯，都能觅得它们的芳踪；还有嵌入墙面的装饰珍珠，散发着醉人的光芒；廊道里摆放着一枚巨大的贝壳，贝壳张开口，里面装满了巴洛克珍珠，尽管这些珍珠的成色略逊一些，但用双手捧起珍珠的刹那，依旧叫人心醉神迷，仿佛从中获取了善的力量……

在屋内不同的厅堂里，我们可以看到大溪地画家作品组成的系列收藏，颇为有趣：莫里奥（Morillot）、戈威（Gouwe）、彼得·海曼（Peter Heyman）、伊夫·德·圣弗隆（Yves de Saint Front）、拉韦洛（Ravello）、布洛克（Bouloc）……每位画家的作品都按照不同时期排列，从中能够体会其艺术创作的发展过程。另有一幅巨幅绘画，来自中国当代画家温永琛，他和温惠仁有着相同的姓氏。

属于家庭的记忆被安放在最显眼的位置，老照片、祖先的肖像，还有温惠仁的父亲——温鸿公完成的画作。曾几何时，他是一名画家，却难以全心投入自己的艺术追求中，毕竟在那个年代，他的父亲无法凭借画画得来的微薄收入养活一大家人。他的作品里，还有一幅孙中山的肖像。

温惠仁的家，完美地体现了滋养他整个人生的三种文化：法兰西、波利尼西亚和中华文明；接受了中国和法国双重教育的培养，同时需要在日常生活中运用大溪地语和英语，又得到儒家文化和基督教价值观的共同熏陶，这令他拥有一个丰厚的灵魂。不过，他本人既非天主教教徒、佛教徒，也非无神论者，而成为某种意义上的不可知论者，他相信有一个更高境界的神明……

他的身份一直很复杂。

身份证件显示他是一个法国人，一个大溪地的法国人。

大溪地就是他的家。他在帕皮提出生、成长，他的主要居所也在这里。他的性格、他的生活都深受波利尼西亚的影响。无论是谈吐举止、钓鱼的习惯或是玩尤克里里的爱好，都非常"大溪地"。

他热爱波利尼西亚，也热爱法国。

同时，他也是中国人。

因为他的身体里流淌着华人的血液，他是中华文化的继承者。他的本名是温惠仁。

最近几年，他常常回到中国旅行，为了寻根。

他是客家人。

在客家和大溪地社群之间存在着某些共同点——民族的迁徙，对祖先的崇拜，以及对家谱和对死者祭奠仪式的重视。

现在的东南亚，过去都被冰川覆盖，如今的大陆并不存在。被称作"智人"的人类已经得到长足的进化，完成了人类史上已知的第一次远航。在一艘简陋的木筏上，他们第一次远离安全海岸，沿海航行。穿越海峡——随着冰川融化和海平面上升，这里成为日后的东海——他们抵达了对岸的广袤土地，这就是日后的澳大利亚和新几内亚……

正是在这里，大洪水的幸存者遭受了印度尼西亚游牧民族的入侵……几个世纪过后，人们再次前往太平洋展开冒险。驾着双人独木舟，他们展开迁徙之旅，抵达日后的波利尼西亚三角地带移民定居，其中的三个端点分别是新西兰、夏威夷和复活节岛，中心地带即法属波利尼西亚。

这些移民登上了这片未来的法属波利尼西亚的土地——具体的时间段仍在不断更新的研究成果中有所摇摆，约公元前300年至公元300年。2018年的最新说法是，移民的登陆时间为公元6世纪，彼时的中国还处于古代，由汉人主导，且有其他的迁徙民族，即中国南方的客家人。

1985年，温惠仁回到了中国南方，回到了他的父母在20世纪初启程前往大溪地前的老家。他的父母在大溪地寿终正寝。现在，他把他们带回了故乡。

中国——20 世纪初的清溪镇

    一个名叫温鸿公的男孩，在他的家乡——中国南部广东省清溪镇——狭窄的街道上奔跑。他刚从附近一望无际的稻田中劳作回来，急急忙忙地赶回家去。

    那是 1900 年，他 18 岁，务农。这样的劳动对他来说算不得什么，相反，自懂事起，他就跟着深圳的一名老先生专心学习书法和绘画。

    温家并不富裕，但父亲想给孩子们一个良好的教育。温父发现他的三儿子在艺术方面颇有天赋，便把他送去向这个老先生学习。

    他家的房子也不大，是当地典型的样式，楼层和楼层之间由一架梯子连接，黏土和沙土混合成坚固的泥墙，这是用祖先留传下来的技巧建造的。沙土部分用席子盖着，简朴但舒适，烧着柴火的石炉上煮着米汤，院子里有水井和茅房……

虽然家里空间局促，但鸿公还是将其中的一小部分变成了自己的工作室。

桌上摆放着毛笔、墨水和颜料。毛笔是他用找来的狗毛和猫毛自制的，墨水则是用收集来的炭黑和烟灰调配的。他用节省下的钱买墨条、麝香、现成的颜料和美术画笔。为了练习书画，他在绢纸和宣纸之间选择了后者，因为它更便宜。书法是汉字书写的艺术，是讲究线条的艺术，追求"优美的字迹"。绘画和油画，是装饰的艺术，强调再现与表达。鸿公书写表意文字或创作图像。他的画作有风景、花鸟，抑或肖像。他创作了不少作品，描摹他的父亲、他的家人。

他的家庭属于广东省的客家社群。

客家人是谁？

他们首先是汉人，是 2 000 年前中国北方统治王朝的后裔。公元 3 世纪，他们遭到驱逐，为了寻找更好的落脚点，他们一路南下，前赴后继地大批迁徙至南方。黄河的名字源于河水的颜色，因上游冲击层的淤泥被河水大量携带，形成了这样的颜色，河流沿岸的土地也因此得到滋养……

客家人形成了一个保守的族群，受到客家传统文化的决定性影响，他们拥有强烈的族群认同感、社群意识和勤奋节俭的品格……他们的语言是中国方言的一种，和多种语言具有共同的核心特征。但客家话既不是普通话，也不是广东话，虽然和后者有一点相像。

客家人的名字具有十分典型的特征。姓氏后跟两个汉字，每个孩子名字里的第一个字，都代表了他所在的那一代。所以，对于温鸿公来说，"鸿"这个字在他家第七代的兄弟姐妹中都会被用到。

客家人信奉道家、儒家和佛家的混合信仰，在对于死者的祭拜和对极乐世界的追求中加入了一些族群特质……

客家的文化和历史是中国博大精深的文化和历史的一部分。

要用几句话概括中华文化和历史实在是个难题。因为我们不得不在如此丰富的宝藏里做出选择。

中华文化是世界上最丰富精妙的文化之一。中华民族勤劳智慧，巧夺天工。在众多的中国发明里，有风筝（公元前 4 世纪，风筝在军事中用于为敌后传递消息，根据马可·波罗的说法，甚至还能运送一个人）、指南针、方向舵、纸、瓷器、水车、马具、火药、独轮车……除了发明以外，古代中国涌现出了一批哲学大家，例如公元前 6 世纪出生的老子、孔子（公元前 551—479），也有众多文人、诗人、画家、陶艺家、音乐家，以及其他许多富有人文气息的艺术家，还有从中国肇始的茶文化、丝绸……

在 100 多万年前的史前时期，中国这片土地上生活着直立人，然后是智人、狩猎者、采集者、游牧民族。

随着人们对过往的不断深入探究，中国的历史实际可能比 5 000 年更久远，或许会追溯至 7 000 到 8 000 年前。

早在公元前 3 世纪就已建成的长城，在多次抵御外来入侵者后被摧毁并重建了好几次。

1881 年开始的中法战争，于 1885 年告一段落，随后是 1885 年至 1894 年的甲午中日战争和 1900 年的义和团运动。而这就是我们进入温鸿公人生的历史背景。

1900 年的中国仍是清政府掌权。自从同治皇帝去世之后，1875 年起，由清朝的第十一任皇帝光绪统领朝政。继位时的光绪帝年仅 3 岁，是慈禧太后将他推上的皇位，以便在紫禁城继续发挥自己的影响力。她是一个善于权谋、强势专制的太后……

世纪之交，大清帝国在摇摇欲坠的边缘挣扎，清政府正在经历内部的腐败、混乱，同时面临着内忧外患。

1900 年，和许多客家人一样，温家的第七代也移民到了广东省，这里有许多陆续自中国北方迁徙而来的移民。他们的上一代从福建厦门附近来到中国东南的广东省。

当时的南方，在中国可谓穷乡僻壤。人们渴望去一个更好的地方过上更好生活的企盼从未真正消失，这促使温家踏上了漫漫迁徙之旅。鸿公的哥哥延续了这一传统，移民前往马来西亚。而温鸿公也即将在 1904 年启程，去往一个人们传说中的"天堂"。

在那之前，他成家了，是所谓的父母包办婚姻。女方是个 25 岁的年轻姑娘，漂亮、正统、勤劳……可她却不会和他一起离开，因为她怀孕了。她明白，她会成为丈夫这次不可预料的移民路上沉重的负担，何况旅费也十分拮据。于是她决定留下来，并没有告诉丈夫确切的理由。但她说，她将来会与他会合。

向香港进发

温家人聚集在家门口的小路上，望着即将离开的温鸿公，神情忧伤。鸿公的肩上挎着一只布袋，背上挂着大大的竹编斗笠，只要有热辣的阳光袭来，他便会戴上斗笠。他将会一路步行到香港，从那里登上去往大溪地的轮船。这只是一场暂时的背井离乡，他还会回来的，他的内心这么想着。

离别总是叫人心碎。他的母亲和妻子都在默默拭泪。父亲脸色凝重，尽可能地控制情绪。而他本人则强忍着眼泪。那时的他不过 21 岁。

他狂奔着离开，不让自己多做思考。他疾步走，走得飞快，除了换个肩膀背包，几乎不做任何停留，为了延长旧鞋的使用寿命，他常常打赤脚。前方还有两个星期的旅途等待着他。

离别虽然让人难过，可他的内心也充满了希望和兴奋之情。他的脚步轻快，既对自己看到和感受到的一切都充满好奇，也对能干的自己充满信心。尽管将要远居他乡，但那会是一个更好的地方，想到这一切，他和他的祖先一样变得乐观。

从他肩膀垂下的细长布袋里装了一些换洗衣服，还有厚布料、一块草编垫子、干粮（他也会在路上找吃的）、他的绘画材料、家人的照片、火柴、蜡烛、他的灯笼，还有一个弹弓……一点点盘缠和到大溪地岛的船票被细心地卷好，藏在他口袋底部的暗袋里。

从稻田务农的微薄收入里省吃俭用攒下的钱，加上平日靠卖靠垫、有着花鸟和文字装饰的小玩意和自己的小画得来的绵薄收入，才够鸿公买下这张波利尼西亚货轮的船票。

他从蛇头手里买下的这张船票要 15 元，简直是天价！那是一个准备移民的劳工头，常常往来于包括清溪在内的各个村镇，游说人们去马来西亚、新加坡、美国和大溪地……

鸿公选择了梦寐以求的大溪地，在此之前，已经有好几波客家人前往那里。第一次是在 1863 年，当时的广东省招募了 1 000 人到当地从事棉花种植园的工作。后来因公司破产，被迫留下来的中国人与 19 世纪末 20 世纪初抵达当地的其他移民聚到了一起。鸿公知道自己一定会遇见其中的一些人。但愿他们会帮助他找到工作。

未来在当地卖卖自己的画作，从事椰子或香草种植事业或是开一家小店铺，谁知道呢？

步行去香港的沿途，这个年轻人穿过一片丘陵，小溪和河流纵横交错，他在石头间跳跃，穿过溪水。这里的水色土黄，有很多淤泥，如同黄河一样。不少田地都被淹没了。周围一片寂静，附近没有高山，但山丘两侧覆盖着大片竹林，一直蔓延至远方的高原。开阔的平原上，有一片片稻田、茶田、烟叶田、菜田，一些石壁上还种植着棕榈树、银杏树、圣栎树、松树、葡萄柚树和木兰……

鸿公边赶路，边观察远处在田间劳作的人们。这是他想要逃离的农村生活，在这里，他只能听到跟在他身后母鸡的咯咯声和狗的吠叫声。赶路心切，他无暇停留。

他吃得很少，粗茶淡饭，他身体结实，很能扛饿。随身带的干粮足够他果腹。路上，他还用长矛刺死了一只野兔，和昆虫一起用柴火烤熟，这就是属于他的美味。泉水遍地都有，他在那里补给水分，也在那里洗漱。

这里属于热带气候，天气炎热。

他在浩渺的星空下入睡，与皎洁的月光共眠……下雨时，他会找到一隅遮蔽之地。早晨乡间渐渐消散的雾气，让从梦中醒来的他深深着迷。

有时，他忍不住想将这美景画下来，这能为他带来何等的宁静。为此他费了好些时间。他放下包，拿出纸和笔。他画素描，聆听哗哗的流水声、鸟儿的鸣唱，这儿有好多燕子在飞，还有随风飘来的竹子的沙沙声。

终于，鸿公抵达了新安县城（今深圳市），以前他来过这儿。那是1904年，他在这里第一次看见了大海，当时这里还是个大渔村。他无心在此多作耽搁，继续朝着珠江三角洲海岸进发，香港岛就在南方不远处了。

香港，过去也只是个渔村，可如今已是一个重要的商业、军事港口，一座都市化的城市，拥挤、嘈杂……面对眼前的景象，温鸿公简直不敢相信自己的眼睛和耳朵。他彻底懵了。

他觉得自己异常渺小，迷失在鳞次栉比的楼宇之间，错综的街道令他茫然，汹涌的人潮让他压抑。大都市里的男男女女穿着他看不懂的华服，说着他听不懂的语言。但这里大多数还是中国人，也有人说客家话。于是他向他们问路。

好不容易，鸿公找到了卖给他船票的蛇头早先给他的那个地址。有人安排他下榻在一家小旅店——最简陋的那种，住宿费也含在了船票里——第二天就会有人送他去港口，带他登上货船。

到了第二天，眼前的轮船再一次让鸿公目瞪口呆。这和他平时概念里的船太不一样了，这就像是巨型战舰，或是运载大量货物的商船，是吃水很深的巨轮。

1904年的香港正全速发展，拥有31万居民。1894年爆发的一场瘟疫，在人满为患的唐人街夺走了无数条生命，而至此时疫情也已基本根除。一个生机勃勃、充满魅力、繁荣富足的香港正在崛起。鸿公本想再多待几天，可他的轮船就要起锚，他必须登船启程。他满腔热情，心想自己一定会在发迹后再回到这里，再来好好探索这座城市……他，或和他的孩子们一起！

他乘坐的马普里卡号是一艘蒸汽货轮，船上载满货物，挤满乘客。路途将整整持续83天，在印度尼西亚、菲律宾、澳大利亚、新喀里多尼亚沿岸有多次中途停靠，最终抵达大溪地群岛。

船上极度恶劣的生活条件，让人度日如年。对于身无分文的乘客来说，几乎没有人道可言。但凭借强大的毅力、随机应变的个性和一副好身体，这些磨难对鸿公而言，都不算什么。

温鸿公抵达大溪地

漆黑的夜里，温鸿公登上了马普里卡号的甲板。大溪地正在一点点地靠近，太阳即将升起。岛上未知的一切令他倍感兴奋。

在晨曦微光的勾勒下，他隐约看见陡峭山脉的黑色轮廓。随着海岸的逼近，他听见海浪拍打在礁石上的隆隆声，还有阵阵神秘的暗香袭来。

这是黎明时分的帕皮提航道入口。海浪冲击着珊瑚礁，这片带有银灰色彩的潟湖及椰林掩映的乌塔小岛开始微微显现。货轮抛下船锚，伴随着第一道曙光，群山、港口和停靠在这里的双桅帆船都变得清晰生动起来……

方才的香气也变得明了，那是混合着椰子、香草、橙子的馥郁香味，其中还夹杂着一些微妙的栀子花与茉莉花香。

城市显露真身。路灯照亮了滨海大道——这里采用市政照明已有十个年头——人们称这里为"商业码头""拿破仑码头"，后来又叫作"乌拉尼码头"，港口还设着一些贸易公司的护栏及私人码头。港口沿岸种植的高大树木，被称为马鲁马鲁或"乌木"，是金合欢属的一种；还有一排排破旧的房屋，其中就包括这些贸易公司。建筑物层叠交错，木栈道、游廊……远处是宏伟的大教堂钟楼。

眼前的轮廓逐渐明晰，有些人在三轮车上打瞌睡，那是十来年前从美国进口来的车型。也能看见许多马车，毕竟当时小汽车还十分罕见。

轮船进港是平常日子里的一件大事。同时，对于往返于旧金山和帕皮提之间的定期服务人员来说也非常重要。轮船将那些途经美国、穿越大西洋而来的法国乘客送到这里（巴拿马运河于1914年才开通航运）。这条航线主要服务于公务员、商人和一些探险者（那时还未有游客踏足），每月一次的航船到访，是当地的重要日子。届时，大溪地上上下下的人都蜂拥至港口……"迎接轮船"可谓一项当地习俗，可以是官方的、业务上的、朋友间的、家庭成员间的，抑或只是简单地出于好奇心：人们来这里探探新消息，看看谁回来了，谁又是新来的……

而对于来自努美阿或悉尼的船只，在当地受到的关注程度会小很多，鸿公的船只也在此列，所以码头上只有一小群人。他们的着装五颜六色、风格各异，显然这里是多民族融合的社会。

这里有波利尼西亚原住民（Maohi，这一称呼在 20 世纪 80 年代被逐渐采用，用来把法属波利尼西亚人与新西兰的毛利人区分开来）；在这里，人们把混血儿称作 Demis（法语中"Demi"意为"一半"）。

最早的波利尼西亚人定居于此时，这些岛屿仍然是孤立的。随后迎来了第一批欧洲人：英国人、1767 年的瓦利斯人和 1769 年的库克人，其中包括 1768 年的法国布干维尔人，他们将大溪地岛描述为"新大陆"，如同人间乐园，创造属于这片土地的传奇。越来越多的航海家、探险家、士兵、商人、水手、赏金猎人紧随其后，捕鲸者、檀香木商人和其他人也纷至沓来。波利尼西亚人和这些欧洲人一起繁育后代，这样的通婚繁衍持续了几个世纪。

在这里，人们称西方人为"Popaa"。这里的西方人包括法国人、英国人、其他欧洲人和美国人……另外一些则是被称为"Tinito"的华人，他们身着传统的黑色衣服，编发辫，戴斗笠。

温鸿公走下货船，混在人群中，他在观察。他在分辨各种口音：大多数人操着刺耳的大溪地语，说法语的是在学校里念书的人，来自大家庭的混血儿说的是英语，还有讲普通话、客家话的则是他的同胞。

他和这些人打招呼，在那里他受到了"华人互助会"（Société de Secours Mutuel）成员的热情接待，他们会组织许多社团活动，包括帮助华人移民尽快融入当地的生活。互助会大本营设立在帕皮提以东一片名为马马奥的土地上。在那里，他们建造了一座关帝庙，旁边是诊所、避难所，寺庙里有一座色彩鲜艳的木塔，这不是为了向上帝祝圣，而是献给汉代的传奇军事人物：关公或称关帝。这座关帝庙具体可以追溯到1866年或1877年（关于这一时间尚有争议）。

"互助会"成立于1872年，旨在为1863年作为外国劳力进入这片法国保护领地的大量华人移民提供帮助。他们并不是第一批到这儿来的移民。在他们之前，热爱冒险的淘金者早已相中此地。1851年时这里还只有一个淘金者，接下来几年里便有不少人相继前来。他们不再选择途经澳大利亚至加利福尼亚的路线，也不去勘探那里的金矿，而是留在了这个中途停靠站：大溪地。

1863年，移民大潮源起于一个苏格兰人，威廉·斯图尔特（William Stewart）——大溪地棉花和咖啡有限公司的当地主管，他的姐夫奥古斯特·苏亚雷斯（Auguste Soares）是公司伦敦总部的总经理——他买下土地，并从外国引入劳工着手开垦。

那时正值法国波马雷（Pomare）女王建立的保护国时期。斯图尔特将这项大产业取名为"欧仁妮地产"（日后成为阿蒂马诺地产），以向拿破仑三世的妻子欧仁妮皇后致敬，也是向法兰西皇家政府通过龙西埃（Roncière）伯爵作为中间人对此给予的行政支持表示感谢。

斯图尔特的公司买下了4 000公顷土地，这片土地一直延伸至大溪地群岛西海岸的帕帕拉和马泰亚区（由英国人定义的"区"的称呼一直延续，直至后来被改称为"市镇"），距离帕皮提43千米。一个大型种植园就此诞生。

这里种植了1 000公顷的棉花，最初用于出口，利用美国南北战争时期棉花产量锐减的契机，以满足世界对棉花的需求顺势而为。

同时，这里还种植了150公顷咖啡和50公顷甘蔗。

为了完成开垦、种植、建造，斯图尔特需要大量大溪地无法提供的劳动力。于是，他只得从外国输入劳力，只限男人：来自广东和香港地区的1 000多个劳力，分好几批被输送到这里，还有300人来自库克群岛、吉尔伯特群岛和复活节岛。

如此多样化的社群生活里常有戏剧性的事情发生，其中最广为人知的是一场华人社群内的斗殴。一名华人因此丧生，因为找不到罪魁祸首，好几个人都将面临被定罪的威胁，这让当事人们纷纷选择保持沉默。沈秀公（Chim Soo）不幸成了替罪羊，无辜地断送了性命，他原本只是出于拯救他人的目的才加入了这场纷争。1869 年，他被送上了当地广场的断头台……

种植园蓬勃发展，公司买卖的大获成功惹人注目，造就了过去 10 年间前所未有的经济繁荣，而这主要得益于棉花的种植和出口。

然而，一等美国南北战争结束，美国本土的生产恢复之后，这一类型的出口奇迹就土崩瓦解了。就这样，斯图尔特的公司在 1875 年宣告破产，惨遭拍卖。部分外国劳动力被遣返回国，还有一些华人则留在了大溪地。

近 30 年之后，温鸿公抵达大溪地时，华人社群在当地才真正扎根。根据 1902 年的官方人口普查，当地社群包括 412 名移民，365 人在大溪地，另有 43 人在马库塞斯群岛，大约 2 年的时间内这一数字没有发生太大变化。

而阿蒂马诺区域或多或少被遗弃了。虽然有过各类买主，比如商人、律师、药剂师，他们都只开发了过去种植园的一小部分：主要用于生产本地床垫和垫子所需的棉花，优质的阿拉比卡咖啡，以及酿制朗姆酒所用的甘蔗。这些作物种植在当地取得了很大的成功。然而，大部分建筑物都成了废墟，不过大型酿酒厂仍得以保留。道路也没有消失，人们依旧能够看见宽阔的土路和"碎珊瑚"铺就的道路、石桥或木桥，但小港口和它的浮桥却因无人使用而不复存在。

1880 年起，这片土地成了法国殖民地，即 EFO（Établissements Français de l'Océanie）。没有斗争，没有纷扰。在波马雷女王统治此地 50 年后，其儿子波马雷五世继承了王位，即位 3 年后，他把这个王国送给了法国政府。他一直保留着自己的国王头衔，直到 1891 年去世。

殖民地一派祥和平静，帕皮提港口的人群也都个个神色泰然。鸿公受到互助会的照应，同说家乡话的客家人向他伸出了援手。

一些来自广东省的同胞都知道深圳河，也到访过清溪，听说过温家。

和这些人在一起，就感觉像自家人……这些兄弟们答应会收留他并为他提供住宿，因为马马奥的避难所已经人满为患了，那里住着的都是和他一起下船的华人移民。

帕皮提

新伙伴们带鸿公步行穿过小波兰（Petite-Pologne）街（日后这里将更名为保罗·高更街），在市场街区给他安排临时住宿，请他吃午餐，还为他找工作提供建议。

年轻的鸿公在街区里四处闲逛，这儿的市场不再使用本地木材。1884年那场可怕的大火将帕皮提烧成废墟后，当地全部用进口材料进行了重建。

这是一个菜市场，卖各类水果、蔬菜和肉——有来自岛上许多小农场的猪肉，附近岛屿的牛肉，还有猎人带来的山羊、野猪和各类家禽。不过在这里没有见到码头上渔民出售的鱼，那些被挂在长长的竹竿上或用小网兜装着的最小的鱼。广场上有一座提供直饮水的喷泉，在这个街区，饮用水是稀缺资源。广场背后是贫民窟、脏乱不堪的人工屠宰场和猪圈，涌出阵阵令人作呕的恶臭。这里被称为华人区（Tinito），聚集了大量来自吉尔伯特、库克群岛、新西兰、夏威夷或复活岛的移民，以及中国的移民。

1880 年，当这个法国保护领地变为法属殖民地时，国王波马雷五世的所有臣民、海外居民都渴望成为法国人，而所有的居民也的确被宣告成为法国公民。唯独华人区的居民除外。这些人依然是移民，他们的身份以一个数字作为标记……在这些人里，温鸿公是 1026 号居民。

之所以如此源于一起政治和经济事件。一场反华人移民的运动，在太平洋其他国家开始爆发，随着一股由旧金山袭来的新浪潮，19 世纪末，大溪地的反华风波也愈演愈烈……

华人问题成了引发殖民地居民分裂的导火索，就像当初 1842 年，在亲法派和亲英派、天主教和新教之间有过的纷争那样。这一次轮到支持和反对华人区的两派了。

帕皮提市长、药剂师、法兰西党主席卡尔代拉（Cardella）和总督加雷（Gallet）于 1897 年投票批准了一项针对新登岛居民的征税政策；1898 年，又对非务农的亚洲居民再次额外征税。律师古皮（Goupil）——新教的成员，英国和德国贸易公司的捍卫者，同时支持维护新加入华人移民的权利——则拒绝国务委员会的这些政令。

塔蒂（Tati）——帕帕拉区负责人，塔瓦纳人、未来该市镇的镇长，拥有众多过去领地实体的特瓦家族继承人（和他的曾祖父老塔蒂拥有同一个姓）——作为总理事会的成员，他也主张反对华人的渗透。

　　此外，保罗·高更（Paul Gauguin）和皮埃尔·洛蒂（Pierre Loti）一样，都不喜欢华人，也无意了解他们，因此加入了这场反华运动。这期间，高更成了记者，他不再画画，转而扮演了一个不好的角色。1900年，他没有创作一张画作。幸运的是，这股浪潮转瞬即逝。

　　此后，画家高更在大溪地度过了人生的最后几年。隔年，他前往马库塞斯群岛，在那里再次拾起画笔，留下了众多杰作；1903年，高更在那里去世。那时的他并非身无分文。尽管他既没有酗酒，也没有荒淫无度，或是像领土政府和宗教当局宣称的那样，妨碍了反殖民主义和反教权主义活动，不过他的下场依旧十分悲惨。

　　不可否认的是，1900年，记者高更参与了政党的斗争，卷入了这片小小殖民地的纷争。他加入了卡尔代拉家族，后者拥有报纸《黄蜂》（Les guêpes），高更被任命为编辑部主任。他反对新教。他抨击中国人。甚至在一封写给友人丹尼尔·德蒙弗雷（Daniel de Monfreid）的信中，误认为他出生于1899年的儿子埃米尔（Émile），因为其母亲鲍拉·阿泰（Pauura a Tai）的关系，可能带有中国血统。

　　同年，他共同主持了由卡尔代拉担任主席的一场公开集会，并为此印制了宣传海报，上面印有集会日期"9月23日星期日"，以及集会议题"阻止华人入侵"。这次会议在帕皮提市政厅举行，讨论政府应决定采取何种措施来避免华人的入侵。

然而，这并未阻挡20世纪头10年持续发展的移民潮，而温鸿公正是其中的一员。

这个年轻人并没有特别感到反华势力的敌意，继续扩大他在市场周围的探险：那里排列着奇特的建筑，底层是带凸肚窗的商铺，楼上则是挤满了住家的公寓。

他发现了裁缝铺、理发店（或两者兼而有之）、出售本地咖啡的商铺，还有烟雾缭绕的小咖啡馆，里面出售饮料、汤和其他廉价的亚洲菜肴，或只是简单的热水。有一些餐馆在晚上会变成赌场。

他走进集市，这里就像是阿里巴巴的洞穴，各色货物杂乱地堆积如山。有许多进口产品，比如布料滚筒、缠腰长裙、工具、机器、手工制造品、手表、劣质珠宝……也有当地生产的其他货品，例如木工工匠制造的家具、木质工具、床垫，各种样式的木棉和棉垫子、篮子、竹垫、编织帽……还有糖、朗姆酒（许多糖果和酿酒厂在这一地区加工生产）、椰子油、香草、淀粉，以及在当地大量使用的木薯粉，无论洗衣服或准备甜点都会用到，甚至可以制作当地啤酒……

他注意到这些小商贩大多是华人，他们拨弄着自己的木算盘计算商品的价格。他和他们搭讪，从产品一直问到生产过程，试图看看有什么生意他也可以参与其中。

他对每一个机会都仔细盘算考虑，他进一步深入打探小镇，寻觅工作机会。他始终在留意，始终在观察。

帕皮提，法属波利尼西亚的首府，这里被茂盛的植被覆盖，也同时掩盖了这片土地曾经遭遇的不幸。它位于北部河岸和东、西几条河流中间，背靠火山的荒芜山坡，城市化的可能性很小。建筑物不超过一层楼，有时是倾斜的，墙壁由水泥打造，屋顶加盖了丑陋的钢板，以此取代被禁用的椰子树和露兜树。

幸好在这些"加固"的建筑物旁，依然留存了不少带有游廊和花园的低矮住宅或商业用房。它们保留了原来的魅力。这些20年前的火灾幸存者，仍旧顽强地存在于此。

鸿公记录下这些植物的形状、体积和颜色。他把它们画在纸上。

尤其是那些鲜花：在房屋周围形成树篱的红芙蓉、栀子花——大溪地最具标志性的花、茉莉、九重葛、兰花，以及遍布花园、攀上阳台的众多蕨类植物。当然，还有各类树木，古老的榕树、铁树，拥有宽阔装饰性叶子的面包树，结了丰硕果实的杜果树，缠枝盘藤的黄槿，开满火红花朵的热烈的凤凰木，色调温和的鸡蛋花和番木瓜树。

大片青葱掩映下的帕皮提，圣母大教堂的尖塔幽幽浮现。鸿公认出了他住的街区，在西边，就在市场的旁边。

这是一座由玄武岩和珊瑚打造的圣母大教堂，红白相间，漫长的建筑工程直至 1875 年才完工。从码头出发，经圣女贞德街可直接到达。大教堂的后面是教会区。穿越城市东部帕佩阿瓦河上的一座小石桥，便可进入主教府。其历史可追溯到 1870 年，是一座带游廊和眺望台的大房子，隐匿在蔚为壮观的公园内，那里还有一座漂亮的小教堂。

由普洛埃梅勒（Ploërmel）① 兄弟创办的教区中学，亦称拉莫奈（La Mennais）中学（以其中一位创始人的名字命名），为这片殖民地培养了一大批未来的当地精英。

一直向城市西边延伸的远处，是塔拉奥伊广场或被称为政府广场，绿草如茵的草坪上仁立着一座音乐亭，那是

---

① 这是布列塔尼一个村庄的名字，1824 年，基督教协会的教友们定居在那里。

昔日皇后的宫殿。这是一幢两层高的大型殖民地建筑，有带栏杆的游廊，并设有瞭望塔（波马雷四世并不住在这里，在建筑完工之前她就去世了。但她的儿子，那位并不真正拥有王国的国王，却于 11 年前在此地与世长辞）。这里还建有总督宫，那是权力的中心。其建筑历史更悠久，从法国预制后进口的游廊环绕四周。

旁边是瓦伊阿米区，那里有殖民地军事医院，如同其他保护国期间留下来的漂亮建筑一样，医院用当地制造的砖石砌成，带有廊柱和游廊，完美地展现了殖民地的风格。

包法伊区的新教礼拜堂，与气派的圣母大教堂不相上下，但拥有更悠久的历史。乌拉尼区还有一片老墓地，更准确地说，是帕皮提的第一个墓地。1818 年诞生的这座城市还很年轻，鸿公仍在继续勘探一个个街区，以便找到适合自己的活计。

家　庭

　　很快，温鸿公就在教会区安顿了下来，因为他找到了工作。

　　他继续在整座城市仔细调研，了解建在码头边提供大型贸易和岛际交通服务的贸易公司：那其中，既有实力强大的德国公司，也有蓬勃发展的盎格鲁-大溪地家族企业，从巴黎进口货物的法国船商和批发商，还有细木工场、煤场、冶金工场以及提供通往各个区的承运服务……不过，他和那些市场里的小店主和华人企业的第一手接触才是最关键的。

　　何况他是个多才多艺的人，拥有劳动的激情、过硬的手工技艺和天生的艺术敏感。他什么都能做：制作、维修、建造、种植，他提供各种服务，渐渐变得不可或缺。

　　他为商铺和摊位制作招牌，用书法写上店名。他制作实用的木制品、装饰的小玩意和彩绘靠垫。他在市场周围的店铺和里沃利街（取自巴黎著名的街道名，1842 年为了标志法国保护国的成立，将英国人原来的布鲁姆路改名为里沃利街）附近售卖这些东西。

这条街与码头平行，沿着塔拉奥伊广场一路走，在街上可以看到玛露（Marau）皇后的宅邸，她是波马雷五世的前妻，人们能从这里望见那座一直延伸至商业码头的无与伦比的花园。更远处是市长卡尔代拉的药房、一家酒店和陈列着巴黎高级化妆品的相对奢华的精品店，以及一家书店兼文具店，其中就摆放着温鸿公的一些画作。

一有时间，鸿公便会沿着种满罗望子树的街道，来到家附近美丽的主教府公园写生、画画。绘画才是他真正的职业！但是，只有当他从那些维持生计的零工中腾出空来，他才有时间来练习画画。

他赚得不少，生活安排得井井有条。不久，他便攒够了回中国的船票钱，也给父母去了许多封信。在最近的一封信中，他写道，希望妻子可以来岛上与自己会合……他迫不及待地想要再见到她。但几个月过去了，因为货船来往的频次很低，回信也来得相当慢。接到回信的温鸿公大为震惊：从信里他得知自己有了一个女儿，而他的妻子不愿带着女儿长途跋涉冒险，于是向他提议将那张船票转赠给另一位女性，她将成为鸿公新一任的妻子。

她名叫丽梅，是中国香港某官员的女儿。她娇小可爱，看起来有些纤弱，但这只是一种表象。很快，我们就会发现，她将和她未来的丈夫一样，坚强好胜。

1909 年，抵达大溪地的她与鸿公结为夫妻，两人继续在教会区住了好多年。这个年轻女子凭借爱和勇气，倾尽全力照顾丈夫和孩子们。她将会是 13 个孩子的母亲。她会过得十分艰辛，更将经历 2 次孩子的骤然离世，实在是命运愚人。

第一次是因为流产，彼时，第一次世界大战刚刚拉开帷幕。一战也是造成 1914 年 9 月帕皮提轰炸的间接原因，由于这片法属殖民地拒绝向德军供应煤炭，两艘战列舰向这里展开了一轮轰炸袭击。

第二次则是在背风群岛的赖阿特亚（Raiatea），当时鸿公在那儿种植香草和椰子，想要碰碰运气。一个不幸的日子里，这对夫妇正在挖取椰核时，他们活泼好动的二儿子也一起来给父母帮忙。就在挖出椰核的刹那，突然刀一滑，在这个 9 岁孩子的手上划出了一道深深的口子。任何治疗都没能阻止破伤风的感染。这场悲剧令鸿公和丽梅深受打击，两人几乎精神崩溃。但没过多久，鸿公就重新振作起来，他不得不这样。夫妻二人回到工作中，比以往干得更卖力。

回到帕皮提后，鸿公又重燃自己的创造精神和艺术天赋。他到处回收老缝纫机——结实的胜家牌缝纫机。他把它们修理好，使缝纫机重获生机，再用金色的颜料为机身绘制上蔬菜和蜗壳的装饰图案，如此生动精妙。他把这些焕然一新的缝纫机拿到市场上去卖。

由他制作的绸缎靠垫，点缀着毛笔绘制的花纹图案，作为结婚礼物在当地广受欢迎。同时，他也展示并出售自己的大小画作。

时光飞逝。

那时，还没有所谓画廊的概念（第一个画廊将于20世纪中叶诞生）。但是，在各种厅堂，包括昔日的皇后宫殿、旅游事业联合会大厅、各类酒吧和酒店，都已经开始陆续举办展览，有时候评审团会为最佳艺术家颁奖。

殖民地的艺术家愈渐多了起来，属于高更的传说正在萌芽。

人们捏造他的不端行为，关于他身为男人和画家的各种风流韵事，尽管其中许多都是子虚乌有。只有一点是肯定的，人们后悔没能在当时，对高更的作品做出正确的估值。他离世后，在帕皮提举行的拍卖会上，人们对他的作品不屑一顾，另外两名二流艺术家博普·杜·蓬（Bopp du Pont）和勒·穆瓦纳（Le Moine）的作品却备受追捧……现在，人们绝不想再次错过机会了。于是人们一边展示画作，一边竞相购买。

在 20 世纪上半叶登陆大溪地的艺术家里，不得不提及马蒂斯。1930 年，他来到此地短暂停留了 3 个月，自始至终待在帕皮提。他没有在此作画（对他而言，那是必要的酝酿期），当然也没有展出画作。尽管他作为画家为人们深知，但在很长一段时间里，人们对他具体在哪里逗留毫不知情。波利尼西亚的影响却在他日后的作品里迸发⋯⋯

那期间，在大溪地展出作品的一众画家有：定居在塔哈阿的奥科塔夫·莫里奥（Octave Morillot），华丽的后印象派；麦克·唐纳德（Mac Donald），苏格兰人，画的是精致的水彩画；荷兰著名的表现主义画家戈威（Gouwe），天马行空，创造了大量厚涂、深色调且充满爆发力的油画，直到生命终结；格雷斯（Gres），俄罗斯人，与他的名媛妻子共同创立了巴黎高级定制时装品牌，他在大溪地度过退休生涯，画作里表达了对生活的不安，其肖像画深受格列柯（Le Greco）的影响；彼得·海曼（Peter Heyman），瑞典人，睿智、富有幽默感，是个伟大的画家，卢特（Lhote）的学生，从他的老师那里习得了对绘画视角的深度掌握并将其内化的能力；克劳德·马歇特（Claude Machecourt），首位大溪地画家，由其母亲图玛塔丽·阿莫拉伊（Tumataarii a Maurai）培养成才，他试图用柔和的色调或绚丽的色彩再现岛上的美景……

温鸿公也携自己的画作、书法和精致的水彩画参与了一些画展。1930年，他曾荣获过一个奖。然而，他的创作和手绘作品换来的报酬远远无法满足日常生活所需，他不得不寻找其他方式来养家糊口。

这时，他的其他先天品格，如严谨认真、良好的组织和管理能力助了他一臂之力。他被一家中国进出口公司的老板康雅相中，康雅同时是岛上一家连锁商店的老板。他很快录用了鸿公，将其派往马库塞斯工作。他毫不犹豫便独自踏上了这座偏远的岛屿，把丽梅和孩子们留在了大溪地的教会区。

然而，世事弄人，康雅的公司没过多久便破产了。温鸿公被迫再次回到大溪地，陷入重重困境。

此时他的家里已是人丁兴旺，有七个孩子等着喂养。这是温家的第八代，因此，他们的中间名都取了"惠"字，寓意善良和仁慈。

身为客家后裔，温家人在自己家里都说客家话，尊重祖先的习俗，强调家族精神、凝聚力、孜孜不倦的工作态度和对未来的信心……

遵循旅居海外华人的传统，家中的长子温惠华在 9 岁时被送回了中国。之后的兄弟姐妹里，有些小孩的名字因为疏忽，并未全部用到"惠"这个字。他们是：雅侨（Ah Kiau）、安娜（Anna Ah Kaane）、佩佩（Pepe Tchoung）、伊莉斯（Elise Tung Tai）、惠友（Fui You）和丽塔（Rita King Feng）。

正是在这个物质贫乏却拥有富足价值观的家族里，他们即将迎来让全家引以为傲的儿子惠仁（Fui Yin）的诞生。在他之后，还有妹妹惠兰（Fui Lane）、惠美（Fui Mi）和幺弟惠芳（Fui Fang）。

温惠仁

    1934 年 10 月 3 日，温鸿公向帕皮提市长申报了他的儿子温惠仁（Wan Fui Yin）的出生。准确的出生时间是 10 月 1 日晚 10 点整，他的第八个孩子来到这个世界（如果我们算上此前离世的两个孩子，那他就是第十个小孩）。

    温家第八代的第八个孩子，数字八在中国文化中是幸运、福气的象征。

    距离惠仁父亲移民到帕皮提已有 30 年光景。他并没有像他希望的那样升官发财，但他的生活也没有更糟。毕竟，世界经济在 20 世纪 30 年代正跌入谷底。

    这是一战带来的不幸……1918 年肆虐的西班牙流感给殖民地带来了重创……1929 年纽约股市暴跌引发的金融危机，又造成社会和政治的剧烈动荡……

    法国巴黎则遭受着"疯狂年代"的洗礼，愈演愈烈的总罢工和反对示威此起彼伏，其结果是 1936 年人民阵线在选举中的胜利。

1934 年，法兰西第四共和国总统、殖民地前部长阿尔贝·勒布伦（Albert Lebrun）和克列孟梭（Clémenceu）走得很近，被认为无力组建一届稳定的政府。

在大溪地，总督米歇尔·蒙塔涅（Michel Montagné）必须寻求解决方案以拯救这片法属殖民地的经济危机。尽管大洋洲磷酸盐法国协会（CFPO）在马卡泰阿珊瑚环礁上大量开采磷酸盐矿石，刺激了该地区的经济，然而破产公司的数量仍与日俱增，康雅公司的破产便闹得沸沸扬扬。过多的政府官员和滥用税收造成了一连串问题。

蒙塔涅决定实行改革，并力求发展农业、卫生服务、通信和旅游业。旅游事业联合会就此成立。1934 年 1 月，来自洛杉矶市的第一艘邮轮带来了大批游客，盛况空前，经济逐步复苏。可以说，惠仁出生在一个大好形势下。

他出生在教会区，但不久之后，温家就搬到了位于城市东部的马马奥，帕佩阿瓦河右岸的区域，和原来的家离得很近。

那里曾有一座小桥，连通至教会区的天主教公园。

1904 年，当温鸿公刚抵达大溪地时，正是在这个马马奥区受到了互助会同胞的欢迎。帕佩阿瓦河上横跨着一座大桥，叫东桥（Pont de l'Est）。

这座坚固的石桥建造于法国保护国建立初期的战争期间，同期，帕佩阿瓦河左岸得到了保护、加固，形成了从教会区一直通往河口的朗帕尔街。东桥位于这条街和以大教堂为开端的福煦元帅大道的十字路口，河的另一边则是克列孟梭街。

帕佩阿瓦河的两岸由众多木栈桥连通。右岸，是从马马奥区成立之初即建造的商店和住宅，一直向东延伸。

就在其中位于克列孟梭街左侧的一栋房子里，惠仁度过了他的童年、青春期并渐渐成长为一个年轻人。

他的父亲在"华人互助会"谋得了一个职位。1911年，该机构改名为"信义堂"（Sin Ni Tong）。

协会主营慈善事业和房地产，购买了许多比马马奥更靠近市中心的土地，以及大溪地东边阿鲁埃区的一大片土地，扩大了当地公墓的面积。

1915年，机构内部的纠纷导致其分割成两派：传统保守派和另一个更具政治性的现代派。

前者在陈福的带领下，转型为慈善协会"中华会馆"。后者在莫发的领导下，成为日后"国民党"的一个分支，支持孙中山。

每个星期一，温鸿公都会在拉加德街的国民党协会列席会议。

大家在这里集会，既是为了了解有关中国的最新消息，跟进祖国的发展，也为了培养有关工作、诚实、尊重和政治派别各个方面的共同社团价值。

鸿公的政治倾向可以说是一目了然。在他的家门口，就挂着一幅孙中山的画像。这是他亲手绘制的，根据报纸上的照片临摹而来。他画了好几个版本，将其中一幅送给了协会。

他在马马奥的家是一栋带铁皮屋顶的老房子，建在桩基上，避免和黑土壤直接接触，因为一旦下雨，这里的泥土就会变成沼泽。鸭子散养在屋内，后院的篱笆内围着丽梅饲养的鸡。

从马库塞斯回来之后，鸿公又继续做起了他的小买卖。心灵手巧的他依旧尽最大的可能发挥自己对绘画的热情。

惠仁对此有着许多美好的回忆。小时候，他总是跟在父亲身边，耳濡目染，他也想要在他父亲的那些业务里成为父亲的左膀右臂。

鸿公继续翻新那些胜家牌老缝纫机，他还想到了回收空的汽油桶，把它们改造成煤炉。

他也开始进行珍珠贝的雕刻，这为他在一直以来制作的靠垫和装饰品的基础上，增加了额外的收入。某种程度上，这甚至可以看作游客纪念品或古玩的鼻祖之一。从1942年到1946年，他向生活在波拉波拉岛的美国人推广自己的艺术品和手工创作。当地有近4 500名男人，包括著名的美国大兵（GI's）和超过150名美国军官。

鸿公会在扑克牌上绘画。按照木雕的技艺，在切割好的长纸板上进行印刷，从而大量复制图案。再将它们组装成一幅完整的纸牌。惠仁也非常喜欢参与这项工作。

鸿公还自创了一种改良配方的牛轧糖。先准备并蒸制好面团，冷却备用，再将其分切成小块，装入小袋中。这让整间屋子都弥漫着香气。做小帮手是惠仁最喜欢的活动。甜美的气味，品尝收集来的糖块碎屑的美味，可以让他开心一整天！

还有花生仁。桌上堆满了几十千克的新鲜落花生。大家一起把花生壳剥掉，放到盐水里浸泡，再放至阳光下晒干，然后倒入一口大锅，用锅铲在热沙中翻炒，随后把处理好的花生仁装满一个个回收来的瓶子。

然后出发去城里的三家电影院——"竹子""赌场"和"托尼"——周围卖袋装牛轧糖和罐装花生仁，这让惠仁十分着迷。有时候他会和伙伴们一起，有时候一个人偷偷溜进影院，看一场电影，虽然并不总能从头看到尾。

别忘了还有丽梅的鸡。惠仁也会给他的母亲帮忙，和家里的其他小孩一起，把从市场上买来的又瘦又小的鸡在家养肥，再拿去市场上卖个好价钱。

惠仁和母亲常常一起去市场，在那里，他会在地上细心地捡拾生菜叶和蔫了的蔬菜。他把这些和从邻居那收集来的磨碎的椰子屑混合到一起，制成喂养家禽的混合饲料。如此一来，还能制作很多泰奥勒酱汁（由椰奶和椰汁混合制成，当地人会把河里钓来的虾放入这种酱汁里浸泡腌制）。他们或直接在现场配制售卖，或调配完再拿去市场卖，非常受当地人的欢迎。每周，丽梅还会从她饲养的家禽里拿一只鸡来下厨。

有了鸡肉的晚餐便成了一顿盛宴！因为通常家里的菜单都很简单：一碗米饭，一点点腌鱼，有时再加一小片奶酪。

位于马马奥的房子并不大，可家里人很多，并且还在不断壮大。尽管缺乏私密空间，但给惠仁留下了一段段大家庭欢聚的美好而深刻的记忆。

1943 年的一个晚上，惠仁和家里的其他成员一起，在家里的主厅迎来了全家最小的宝宝的出生。那时候，惠仁

9 岁。他期待着生命的奇迹，渴望去探究这个奇迹……是个男孩！那是他的小弟弟惠芳。一阵激动又温柔的情绪向他袭来。

长姐们的出嫁给家里腾出了一些空间。惠仁在房子后部有了属于自己的一个小房间。虽是陋室，但简易舒适。他睡觉的床铺是父亲捡回来修补好的旧沙发。破旧的屋顶时常漏水，暴风雨来临的夜晚，他不得不挪开这张床来躲避雨水，还要到处摆好水盆接水。可惠仁完全不受这些艰苦条件的影响。他总是开朗乐观，只记得那些美好的回忆。

他热爱自己的家人，他热爱学习和工作。

他的父亲和学校里的人都这么说。

一开始，惠仁步行去上学，后来改骑自行车上学——父亲送给了他一辆修好的旧自行车，惠仁感到幸福极了。他就读的华人学校，就位于革命党协会所在的福煦元帅大道。

他从 7 岁开始便接受学校传统而严格的教育，直到获得结业证书。他既学习强调中华文化的客家话，也学习通识科目，包括历史、地理、算数、文学，还有每周一次的法语课。

教法语的小学老师奥黛特·弗罗热尔（Odette Frogier）对这个男孩印象深刻。

在华人学校任教之后，这位伟大的女士先后前往中央学校和教会区的学校执教，由她撰写的《奥黛特的故事》，对这段经历留下了真实而迷人的描述。惠仁常常会惦念她上课的样子，她的言传身教，一直对她报以崇高的敬意。

法语是惠仁的第三语言。客家话是他的第一语言，他的母语，是他在家里说的语言，也是学校里教的语言。大溪地语是第二语言，是在市场、街巷和玩伴们之间说的语言……那时的他无忧无虑。

突如其来的第二次世界大战，令时局再次动荡。太平洋阵营的加入，交通运输和商业贸易的中断导致物资匮乏。殖民地分成了贝当派和戴高乐派。日本军队发动珍珠港偷袭之后，美国人在波拉波拉岛建立了后方军事基地。成千上万名美国大兵和官员涌现，不过这对包括温鸿公在内的生产商而言都是利好消息。

他们在这里建造机场的计划虽然扰乱了岛上的生活，却也改变了这里的未来，这将成为这片土地上的第一座机场。如同大多数波利尼西亚人一样，惠仁只听到过零星的战火声和遥远战场上的激战声，除了某些物资的短缺外，他的生活并没有受到太大影响。

这个生龙活虎、好动的小男孩，充分享受着生活，自得其乐。

他有点淘气，爱打打闹闹，喜欢冒险。放学回家前，他总和小伙伴一起在外游荡。他紧抓着菜农的运货马车，疾驰在克列孟梭大街上。那样子很好笑，虽然有时候也有点危险。有一次，他从车上摔了下来，那种经历让他难忘，所幸没有大碍。虽然顽皮，可他还是成功地拿到了华人学校的结业证书，那时他13岁。

在奥黛特·弗罗热尔女士和他母亲的极力推动下，他决定继续求学。由于华人学校没有更高等的学校可读，他想去一所法国教会学校。为什么不呢？毕竟普洛埃梅勒中学是当地最好的学校，一直以来为大溪地培养了大批精英。

不过，这将是一场双重冒险：首先得学好法语，其次需要成为天主教徒，至少要学习有关基督的故事，了解十字架的涵义，还有那些仪式。1947年的夏天，惠仁特别刻苦。法语课、语法课、教理问答课……他的头顶环绕着祷告声和唱诗班的吟唱。

开学测试那天，他来到教会区中学那幢宏伟的建筑里，胸有成竹地迎接会考。

然而，事与愿违，他没有考取。可他的伙伴们却被录取了。

"这是为什么？"他问丽梅，母亲试图安抚他。

是由于不公正或是歧视吗？他意图将此归结为自己贫

寒的出身。毕竟，他的家庭既非殖民地的"上流"阶层，也不是华人社群里的上等公民，他不是那些拥有一幢临街豪宅的贵族或商人的小孩……

无论怎样，这深深地伤害了他，这个伤口从此再也没能真正痊愈。惠仁远离了天主教。事实上，此后的一生里，他远离任何宗教。

罗伯特·温

"你为什么选择罗伯特·温（Robert Wan）这个名字？"包法伊学校的老师卡尔森太太这样问道。

"因为罗伯特·泰勒（Robert Taylor）。"惠仁回答。

露易丝·卡尔森是一位了不起的女性。她是接受过正统师范教育的老师，也是对自己的使命坚信不疑的那类老师，她尽全力指导、教育她的学生们成长。她试图帮助那些来自华人社群的孩子更好地发挥潜力。她也认为，如果有一个法语名字，会有助于他们融入当地的社会，因此提议华人孩子取一个法语名字。

1947 年的开学日，惠仁来到现在这所学校的那天，他还没那么快从教会区中学落选的失望和遗憾中平复。何况，如果可以去那里读书，离家也更近。

现在上学要花很长时间，这所中学在城市的另一头，位于包法伊区的西边，是帕皮提最古老的区域。正是从那里，以寺庙为中心，各式房屋建筑平地而起，整座城市才慢慢成形，其中包括瓦伊阿米殖民地医院。寺庙和医院总是出现在同一个地方，不过现在它们的周围没有宪兵队了，宪兵队搬到了离市中心更近的地方。取代它的是一所学校，人们误称之为宪兵队学校，但其实它并不培养宪兵队员，这只是一所小学。

很快，惠仁就融入了这所公立学校。这里气氛友好，没有入学考试，对所有孩子一视同仁。他不再为之前的落榜而懊恼。

他一下子就喜欢上了自己的女老师，她善良、亲切，尽心尽力地了解自己的学生，关心他们的生活。

她会留意到惠仁身上的瘀青，问他是怎么回事。他宣称是踢足球或从自行车上摔倒造成的，实际上是由于他的父亲的痛打，因为他在帮工时偷懒，放学晚回家，或是偷溜去电影院——虽然挨打不常发生，但这是最可能的原因——淤青是因为父亲的体罚。

他酷爱电影，总是想方设法去朗帕尔街和小波兰街的"竹子"和"托尼"影院看电影。

他会告诉卡尔森女士，他在好几部电影里都看到了美国演员罗伯特·泰勒。正是因为他，惠仁有了自己的梦想，他想象自己成为罗伯特扮演的英雄人物，成为艾凡赫（Ivanhoe），或是《圆桌骑士》里的兰斯洛特（Lancelot）、《黑珍珠》里的若埃尔·肖尔（Joël Shore），又或是《暴君焚城录》里的马库斯·维尼丘斯（Marcus Vinicius）。

其实，他热爱自己的客家名字，他一点也不想改名字。可他法语说得越来越流利，需要有一个法语名字，因为喜欢罗伯特·泰勒，他给自己取名为 Robert Wan，从此，他一直这么称呼自己。

和惠仁一样，他的兄弟姐妹也给自己取了法语名，放弃了温家第八代共同拥有的名字。惠友成了弗朗索瓦（François），惠兰是波利娜（Pauline），惠美是莉塞特（Lisette），最小的弟弟惠芳叫路易（Louis）。

他以罗伯特·温的名字从包法伊宪兵小学毕业，升入同一个区更靠西一些的帕皮提中央学校。当高更名气足够大时，这里变成了保罗·高更高中，人们用他的名字命名各种场所，包括这所学校、一条主路、商店、餐馆……而当年，只有一条不起眼的支路叫他的名字，隐藏在加利埃尼码头的尽头，通向马丁发电厂的小机房。

中央学校的宗旨是培养当地的精英人才，与拉莫奈天主教中学或维耶诺新教学校（建造在教会区和东桥之间）

相辅相成却和而不同，这是一种社会和政治上的差异——公立学校还是教会学校，这是社会斗争和辩论永恒的话题。

在这所学校，温惠仁缔结下坚固长久的友谊。他朋友中的某些人，在未来都积极参与国家事务。比如，让·朱旺坦（Jean Juventin）成了帕皮提的市长，拿破仑·施皮茨（Napoléon Spitz）当了部长，雷米·布卢安（Remi Blouin）则成了蔚蓝海岸滨海自由城著名的餐馆老板。

温惠仁是这所大型中央学校的寄宿生，该校拥有授予文凭的资格，于1947年成为初中教学研究文凭（BEPC）成员学校。

可惠仁并无心全情投入学习，对取得学业上的成功也缺乏动力。起初，他或多或少有这个想法，但很快便意识到——在这个充满梦想、容易冲动的青春期——他的父亲并没有足够的资金可供他去大城市继续深造。那么，现在努力学习又有什么意义呢？

他渴望加入劳动的队伍，尽快地经济独立，可以为还在奋力养育儿女的温鸿公减轻负担。他打算在拿到中学文凭后就离开学校。在那期间，他还是在课堂上认真学习，为日后打下了扎实的基础。

他参与了很多体育项目，尤其是足球和网球。既是出于天性，显然他热爱运动，也是源于某种信念：因为运动是磨炼年轻人意志的基石，也是获得并保持强壮身体的必要条件，意味着一种健康的生活方式。

当地政府通过资助成立各类协会和俱乐部来鼓励体育运动，于是在大溪地的各个区域，都能见到这些体育机构。当地形成了一种竞争的风气，在宣扬平等、博爱的同时也造成了政治纷争。

首个体育协会创立于1913年，为了推广足球运动，取名为JT，寓意为大溪地年轻人（Jeunes Tahitiens），1926年被Tamarii Tahiti接管。1922年，拉莫奈中学的往届学生创立了Fei Pi。1947年，体育协会总联合会（FGSS）重新整合起这些主要针对足球和网球的协会与俱乐部。

蠢蠢欲动的青春期，正是和伙伴们一起玩的年纪，温惠仁常常从寄宿学校里溜出来，跟兄弟们碰头，去见女孩儿们。

那也是初恋的年纪。

那个时代，大溪地没有男女混合学校。在小学、初中和高中，男女生被严格地分开。把他们放在一起是绝对不行的！而"性别平等"这个词还远在天边。

男校的学生比女校多。那时的大溪地没有专门为女孩提供中等教育的学校。在帕皮提，女孩想要念中学，必须去位于圣母大教堂旁的克吕尼圣约瑟夫学院（Sœurs de Saint Joseph de Cluny）。和天主教男校一样，这间中学还有另一个名字，取自其创始人安妮-玛丽·雅武埃（Anne-Marie Javouhey）修女。

温惠仁没能拿到文凭。

但对当时的他而言，这并非生命里最重大的变故。一个悲痛的事实即将决定他的未来。

1953年1月31日的那个早晨，温惠仁独自一人在瓦伊阿米医院陪伴他的父亲。近几个月来，温鸿公的健康状况不断恶化，承受着病魔带来的痛苦。生命的重担，艰苦的生活，严重的营养不良，过度的工作，各种各样的问题……他的身体垮了，不得不被送进医院。当温惠仁那天早上到达医院时，一切看起来都还很好。父子间交谈了几句。温鸿公表示需要去趟洗手间。他起床，步履蹒跚，突然倒下。心脏病突发夺走了他的生命。那年他71岁。

父亲的去世带来的不可逆转的改变，是需要许多年才可能重新弥合的一场碎裂，对于自己没能做自己应该做的事，没能充分表达对父亲的爱，惠仁追悔莫及。可同时，父亲的离去也为他带来了一笔永恒的财富——父亲树立的榜样，他所代表和留下的重要品格，这些是无价的遗产。

温鸿公的去世让还不满 19 岁的温惠仁心碎不已，但父亲留下的精神财富将伴随他一生。能在父亲生命的最后时光陪伴在他身边，也成了惠仁的一大慰藉。

儿子继承了父亲的价值观，他希望自己能和父亲一样，拥有他的热情，他的严谨，他诗情画意的浪漫，还有他的梦想。没能重回清溪故土，是父亲生前未完成的心愿。他为此感到痛苦。

将来他一定会回去，他发誓。

惠仁也在想，他真的了解这位自己崇敬的父亲吗？

父亲对他的态度，有时候看似冷酷，教训他的时候是那样严苛，可有时又对他涌现出满满的柔情。比如，父亲送给他一支他向往已久的钢笔作为礼物，那显然是花了一大笔钱才买到的。他对父亲的期待和失望又了解多少？难道他不曾想过完全投身于艺术吗？他真的是一个艺术家吗？很久以后，在自己的出生证明上，温惠仁发现父亲在职业那一栏写的是：画家。

他感到沮丧。可他仍然保持正直和坚定的信念。他必须全力支持母亲丽梅，缓解鸿公突然离世带来的悲伤和空虚，确保家里的日常生活不被打乱。家中的长子在 9 岁时就离开了大溪地。比他大 9 岁的哥哥弗朗索瓦已经结婚成家，2 个大姐也已出嫁，生活在公婆家。妹妹波利娜和莉塞特，还有最小的弟弟——10 岁的路易都还需要照顾。

温惠仁明白，现在的他要和弗朗索瓦共同承担起照顾弟妹和母亲的重任。他必须去奋斗。无忧无虑的日子将一去不复返。

进入职场

　　温惠仁告别了无忧的时光，过起了肩负责任的生活。首先他要找到一份工作，才可能承担起这一切。可他现在能拿得出手的只有一张小学文凭。

　　起初，他在一间会计师事务所默默无闻地上了一阵子班，然而那里古板的气氛让他难以忍受。很快，他跳槽到了阿尔弗雷德·波鲁瓦（Alfred Poroi）的公司，没有明确的职位，他以"勤杂工"的名义被录用，任何服务项目都会需要他的帮忙。

　　有一天，面前的老板这么问他："你想做海关申报员吗？"

　　他留意到这个年轻人对各种活计并不厌烦，上手也很快，在每个领域都挺能适应，工作效率也很高。他在默默地观察评估他，觉得他够聪明，也够认真。

　　毫无疑问，温惠仁欣然接受了这个提议。

　　阿尔弗雷德·波鲁瓦是一名杰出的法属波利尼西亚混

血儿，1906 年出生，和他的先辈们一样，是个建设家和领导者，他过去在维耶诺新教学校念书。在创立自己的进出口公司并主营海事与航空旅行的波鲁瓦大溪地事务所（Agence Tahiti Poroi）之前，他曾是新西兰联合汽船公司的当地主管，这是一家颇具名气的航运公司（马蒂斯正是坐着他家的轮船，于 1930 年经旧金山来到帕皮提的）。阿尔弗雷德·波鲁瓦起初担任市政顾问，之后于 1945 年成为帕皮提市长。他亲切友好、精力充沛、大胆创新，采取一系列措施改善城市设施，扩大城市的规模，建立发展区，建设马马奥学校……

温惠仁十分受他关照。通过阿尔弗雷德，他见识了生意的世界，并最终成为一个有影响力的商人。尽管惠仁并没有直接参与政界，但因为阿尔弗雷德的引荐，他结识了许多朋友，建立起了人际关系。毕竟，政商向来紧密联系。

温惠仁的办公室位于滨海区的商业码头，只需要穿过这里就能来到位于"互助"（Mutualité）广场的海关服务处上班。

这是一个宽阔的平台，大型船舶、远洋轮船和货船都在这里靠岸，经由小波兰街通往城市内部，这条路在不久前刚应总督夫人珀蒂邦（Petitbon）女士的要求，更名为高更街。

领土议会、港口港务监督长办公室、海关服务处和旅游服务处都在这条街上。这里是帕皮提最活跃的中心之一，有市场，有坐落在市场和东桥之间的市政厅，以及塔拉奥伊广场，行政办公室则设立在皇后宫（于 1969 年被拆除，用以为领土议会的更新建造一批现代建筑）。"互助"广场或是它的码头有大事发生时，温惠仁都在第一线。20 世纪 50 年代，这里发生了很多事。

尽管法国共和国总统樊尚·奥里奥尔（Vincent Auriol）因其过往的政绩、亲切和善的形象和出众的执政能力，以及不可否认地复苏了法国经济而备受欢迎，然而，1946 年的巴黎，仍处于第四共和国政治极度不稳定的状态下，各派拥护者之间冲突不断。

大溪地也不再是一个殖民地，1946 年起，它成了法国的海外领地。政党的意见互相对立，加入巴黎政党的那些人并不真正坚持自己的想法。在这片土地上运用左派和右派的政党概念是荒谬的，在这里，人们投票给领导人，这个角色相当于过去领土（之后变成行政区实体）的负责人。人们不禁意识到这中间的悖论。

1953 年，温惠仁开始在波鲁瓦的公司上班。前重要领导人的接班人普瓦纳·欧帕（Pouvanaa a Oopa）在大溪地动作频频，领土议会周围抗议示威和冲突时有发生。

温惠仁把这一切看在眼里，他很感兴趣，但并没有参与其中。他不参与政治，不加入任何一个党派，也不觉得有必要和抗议者站到一起。他一定有自己的倾向，但他并未表态，即便后来对波鲁瓦的境遇表示同情，他依然对政治闭口不谈。

他会在滨海的办公室接触到示威参与者和活跃分子，他们到这里来而不是去市政厅拜访他的老板。其中有一个人名叫鲁迪·班布里奇（Rudy Bambridge），是大溪地具有统治地位的传奇混血家族的后人之一，进入政界后的他力挺普瓦纳·欧帕，后者在1956年的立法选举中险胜。

温惠仁也亲眼见证了非冲突事件，其中包括自1954年起，阿尔弗雷德·波鲁瓦便提议邀请戴高乐将军来到帕皮提，并最终在1956年成行的大事件。

当时的戴高乐将军已不再肩负官职，他是以法国人民联盟（RPF）领导人的身份前来的，这成了他的一次真实版的"穿越荒野"。

作为1944年开展的去殖民化运动的关键人物，他代表了一个顽强反抗的法国形象，也向参与解放的同伴致以敬意。

从登岛那天开始，他在大溪地停留的3天期间，包括对各个群岛的快速游览，所到之处波利尼西亚人都对戴高乐将军夹道欢迎。人们兴高采烈，其中，戴高乐派的人数众多，过去参加戴高乐将军的部队"自由法国军"（FFL）的许多老兵也自发地聚到一起，还有那些直接或间接参与二战抵抗运动的人都来了…… 将军在当地传统的歌舞声中受到了最热烈的欢迎。他发表的讲话似乎是对一个即将到来的共同未来的预示……

总督让-弗朗索瓦·托比（Jean-François Toby）亲自操办了这场盛大的、国家元首级别的招待仪式。这位出色的政治管理者倾情赞美大溪地的生活，包括夜生活。

在这个生龙活虎的时刻，20 世纪 50 年代的这几年里，温惠仁本人全身心地投入波鲁瓦公司的业务。他拼命工作，热情高涨。直到后来，他才成为夜总会里的常客。

他也喜欢向年轻姑娘献殷勤，并且屡战屡胜，因为他的确非常有魅力。他幽默、慷慨，用狡黠的目光试探她们，姑娘感受得到这些，被他所吸引。

他是那种热爱女人的男人，他需要她们。他是一个花花公子吗，像唐璜那样？并非如此。他并没有与对手竞争，他收敛欲望，对被他征服的对象始终保持尊重。但只要一看到年轻漂亮的脸蛋，他的眼睛就会放光。他对美丽很敏感——任何形式的美——女性美显然是不可抗拒的。他不抗拒这种美。

他征服了很多姑娘。

1954年，其中一个名叫塞西尔·萧（Cécile Shiu）的女孩尤其惹人喜爱。那时的惠仁20岁，她19岁。他越来越频繁地和她约会。

可他还是会担心自己的母亲丽梅。

"她在做什么？"当她离开几小时不知所终时，他暗自思忖。

神秘的丽梅！小心翼翼，不愿被打扰。原来她是在偷偷地看医生。一切都太晚了。那是一种非常严重的纤维瘤，无法医治，是癌。温惠仁对自己感到生气。

当他得知真相时，不断地责怪自己，因为他并未发现任何蛛丝马迹。他为无法更好地照料母亲而背负着沉重的负罪感，他本应把她送去法国或美国……那样，她会得救吗？

母亲弥留之际的景象一直在他眼前挥之不去。

丽梅在他的怀里奄奄一息。她非常痛苦，他想安慰她，留住她，可这并无助于她抵抗痛苦。他轻声安慰她，他在她耳边温柔地低语着："我在这里，妈妈。"

但她的呼吸越来越弱。他感受到从她嘴唇间呼出的最后一口气，这再度成为他的财富。

令人钦佩的丽梅。

她 60 岁就去世了，经历了一番辛勤的生活，她为孩子们牺牲了太多。她遭受的最严重的打击，是 9 岁儿子的意外死亡。她的一辈子承受了太多不幸……

勇敢的丽梅，毫无怨言的她，从不指责生活的不公，总是试图让她的孩子不要生活得过于艰辛，为他们提供改变现状、希冀美好和获得成功的可能。

和父亲的去世一样，温惠仁因母亲的去世再次心碎不已。父母的记忆，他对他们的感激，将成为他生活的一部分，他向他们献上个人的祭拜，也是另一种客家祭祖的传统。

他从工作中找到庇护，将塞西尔的陪伴作为慰藉……成婚在计划之中，但温惠仁并没有受到女孩父母的青睐，他们属于华人上层社会，希望女儿找一个更有前途的女婿。

不必担心，没有他们的支持，他们也会结婚的。

塞西尔是个成年人了，她怀孕了。

传统与动荡

"只可以办民事婚姻，不要宗教婚姻。"温惠仁这样回应身为天主教徒的塞西尔，他只能接受在市政厅登记的婚姻，无法办一场在教堂举行的婚礼。如果未婚夫不信教，不接受洗礼，宗教婚姻也不可能办成。

"我绝对不会受洗的。"温惠仁断然拒绝。塞西尔仍在坚持，而他也丝毫不退让。

最终，他们找到了一个变通的办法。在帕皮提市政厅登记之后，有个神父答应为他们再主持一次婚礼——这或多或少符合天主教教义。于是，1960 年 4 月，两位新人成婚了。塞西尔和温惠仁的幸福之情溢于言表。

正式结婚前不久，他们已经开始和温家大家庭住在一起：弗朗索瓦和他的妻子、他们出生于 1954 年的儿子雷蒙德（Raymond），还有波利娜（Pauline）、莉塞特（Lisette）

和路易（Louis）。事实证明，对于这个人丁不断增加的家庭而言，马马奥的这间老房子实在过于局促了。

布鲁诺是温惠仁和塞西尔的第一个孩子，比他的堂哥雷蒙德小 2 岁，一家人和和睦睦。

他们终究还是决定选择在兄弟不会分开的前提下搬家。按照客家传统，家里人是不会分开住的，只有女孩才会离开，在婚后和他们丈夫的家庭生活在一起。

因此，他们在帕皮提西边的另一个区帕图托阿找了一间更大的房子，离滨海区更近。大家仍然在同一屋檐下，继续共同生活着……这并非易事，尽管这种传统习惯会让人们的关系更紧密，给予个人家庭支持的力量，但同时也会压抑个人对独立空间的需求，尤其是对自由的渴望。这种需要，在嫂子和弟媳之间表现得特别明显，引发了摩擦和争执。虽说矛盾得到了调和，获得了暂时令人满意的结果，不过，最好的方法还是让这两对夫妻分开住。

随着兄妹的离家，气氛再次变得和谐。

波利娜结婚后搬去了婆家。

弗朗索瓦则搬去了附近的提提奥洛区，在那里开了家杂货店。他把妹妹莉塞特带在身边，那时她 14 岁。机缘巧合，也是得益于佩佩大姐的介绍，她得到了一对美国富商夫妇的资助。当时，他们正巧路过此地，离开时便带上莉塞特一起回美国。后来的她嫁给了一名地质学家，育有 2 个孩子。

温惠仁仍然待在帕图托阿的家中，照顾着幺弟路易。路易 13 岁了，和他的侄子们相处甚欢，除了 1956 年出生的布鲁诺，后来家里又新添了 1958 年出生的盖伊和 1960 年出生的米兰达。一切都很顺利。塞西尔在政府机关找到了一份稳定的工作。温惠仁在波鲁瓦公司平步青云，老板对他的信任与日俱增。

一切都很好。家里继续饲养着母鸡和公鸡。其中一些公鸡是好斗的品种，温惠仁会给他们喂特别的饲料，让它们更强壮。它们的脚爪被削尖，在战斗时可以套上锋利的刺。这就是所谓的斗鸡！温惠仁对此充满兴趣，乐在其中。

斗鸡的传统其实可以回溯到古代，它起源于亚洲，先后被传至希腊和罗马帝国，以及欧洲和美洲大陆，这项传统似乎在奉行宗教仪式的国家中始终流传着。这也代表了一种格斗运动，一种下赌注的借口。对于某些人而言，对格斗美的崇尚（冲击时的线条，公鸡羽毛的色彩）凌驾于恐惧之上……而其他人——大部分人——只是将其视作一场不可忍受的残忍杀戮。因此，在大溪地，1950 年至 1960

年，这或多或少属于地下活动，之后则被完全禁止。

温惠仁作为这项热门"格斗"的忠实拥趸，带上了自己的公鸡参战。"斗鸡"通常在星期天举行。专门为斗鸡准备的场地，既不是圆形场地，也不是角斗场，而是一个特别的"斗鸡场"！事实上，那通常是车库或私人住宅的后厅，那里有着一股浓重的气味，气氛热烈，充斥着嘈杂、暴力。在那里，斗鸡们自相残杀，而男人们为此激动万分，赌注让这种疯狂达到顶峰。这种游戏点燃了人们的疯狂。

让人意想不到的是，一只公鸡差点把温惠仁送进牢里。

但并非在斗鸡场上，而是在他的后花园里，以偷盗和谋杀的罪名！他的女邻居声称温惠仁杀掉（并吃掉）的一只鸡其实是她家的。这件事听起来十分滑稽愚蠢，但他真的有可能因此被监禁，因为女邻居的来头不小：她是总督秘书长的妻子。警察出于义务前来调查，个个咄咄逼人。比利·特拉夫顿（Billy Trafton）和加伯特（Garbut）、罗布森（Robson）、维朗（Villant）一行4人一同来质询他，而温惠仁却还在笑……事态十分严峻，司法警察局长亲自接手了这起诉讼。阿尔弗雷德·波鲁瓦被紧急请来增援，他了解法国行政机关的套路，也意识到其中可能会出现的司法不公，建议温惠仁立即请一名律师，并提议就请他自己的律师。这一招奏效了，温惠仁从这场离奇可笑的诉讼中抽身。

一切再度恢复平静。温惠仁成了波鲁瓦身边必不可少的人物，这让某些暗藏妒火的人心生懊恼。

"他很有商业头脑。"人们这么评价他。

很快，他提出进口摩托车的想法，强大而诱人的品牌Viki风靡一时，那样就再也不用踩脚踏板了！此后，他又预见到"太平洋实验中心"（CEP）的建立，这将是一个不容错过的机会。

事实上，核试验中心的建立，在这片自1958年就开始感受到翻天覆地变化的土地上，将催生巨大的经济增速，带来飞快的变化。

1958年4月，因政府推动收入税收政策改革，引发了领土议会前的激烈冲突，温惠仁对此记忆犹新。9月，业已退隐的戴高乐因阿尔及利亚危机重新掌权，随即举行的法国全民公决，造成了帕皮提的严重骚乱。

1958年当年，人们见证了戴高乐将军对于自己曾在1956年演讲中提及的法国和领土共同命运计划的偏离。他决定在法属波利尼西亚启动太平洋实验中心的建造，以应对阿尔及利亚独立战争带来的后果——撒哈拉沙漠核设施的关闭。

此外，与太平洋实验中心实施项目有关，大溪地新机场的建设变得十分迫切。这一步无法省略，仅有一个波拉波拉机场势必无法满足新的运能需求。

波拉波拉机场由美国陆军于1941年建造，自1946年以来一直正常运作，迎接来自国际航空公司（TAI）太平洋航线的航班。

1960年5月，其"环游世界"航线正式启动，标志着法国与大溪地之间的第一条航线开航，这对于大溪地来说是一件举足轻重的大事——法国驻洛杉矶领事罗曼·加里（Romain Gary）便在首批受邀官员名单中。

然而，"喷气式飞机"的旅行是不完整的。一旦抵达波拉波拉岛，飞行就会被中断，乘客必须走出螺旋桨飞机道格拉斯7，乘坐独木舟，爬上一艘停在莫特小岛潟湖的水上飞机，才能降落到帕皮提以西的第一大区法阿；在那里，旅客重返道格拉斯7，才能继续完成旅行。

现在，是时候让大溪地拥有自己的飞机跑道了！

1960年"环游世界"航线首航时，新机场正在法阿建造。尽管理论上阿蒂马诺平原更为适合，但最终机场选址在法阿，因为平原距离帕皮提路途遥远，而法阿离市中心仅有7千米。

整个建设看起来工程浩大，不仅要在潟湖上铺设跑道，还要在一个创纪录的短时间内完工。建设工程从水上飞机将要着陆的法阿水体回填开始，先抽水，再疏通。

开凿别处的河床、火山斜坡，收集开采出的石块、砂砾、碎石、泥土，再用水填满这个洞。期间会使用到珊瑚。之后是土方工程，铺设长度超过3千米的飞机跑道，以及其他必要的建筑设施。

不少公司在这里驻扎。当地人逐渐适应了这项工程。正在这时，温惠仁提议通过波鲁瓦公司进口的大量卡车，很快就被各类用户采购，用于运输成千上万吨不同的建材。

出人意料的是，机场提前完工，打破了纪录！1960年10月前即开放试运行。法阿跑道上迎来的第一架飞机是TAI航空公司的一架螺旋桨飞机道格拉斯7，TAI之后成为（法航收购前的）航空运输联盟（UTA）。

1961年5月4日，大溪地-法阿国际机场正式落成。

温惠仁出席了这场传统波利尼西亚式的盛大庆典。

TAI公司的飞机道格拉斯8停在新跑道上，在它的舱门下，政府的所有重要人物济济一堂，还有几组表演团队进行歌舞演出。

成千上万的鲜花被制成了花环，最长的那个环绕着飞机，其他不计其数的小花环被戴到了官员、嘉宾、乘客和全体乘务员的脖子上。

代表法国共和国总统戴高乐前来的国务大臣首先走下飞机。在法国政府的受邀嘉宾名单中，有文化界的作家让·拉特吉（Jean Larteguy），歌手夏勒·特雷内（Charles Trenet）和莉丽·庞斯（Lili Pons），还有女演员玛蒂妮·卡洛（Martine Carol）。

这是一场盛大的狂欢。对于大溪地的生活而言，这意味着一场剧变。这座岛屿将不再孤立于世，最快捷的飞机把它和世界的其他角落联结到一起。旅游业的大旗将就此举起。

新时代的开端——属于夜晚的世界

　　随着大溪地-法阿国际机场的落成，这座岛屿迎来了第一批游客和太平洋实验中心项目的职工团队，人数越来越多，逐渐增长至15 000人。工程师、技术人员、管理人员、三军士兵，其中包括大批法国海军，他们驾驶的轮船将为环礁上的运输和住宿提供便利。

　　太平洋实验中心的建设需在土阿莫土群岛上进行庞大的施工：包括将作为核爆破基地的穆鲁罗瓦（Mururoa）和方加陶法（Fangataufa）环礁，以及作为前方基地的郝（Hao）。

　　大溪地岛则是后方基地，将建造所有军事和民用基础设施。

　　位于东海岸的一个地区马希纳，将建立原子能研究中心（CEA）的重要分部，一个配备实验室的科学基地。

　　酒店、公寓楼、办公室、商店和药房的建设，也逐渐加入岛上正在进行的大型工程。一个全新的世界正在此扎根，汲取养分，预备起飞。

人口涌入、城市化、多姿多彩的娱乐活动、交通量猛增……到处都是建筑工地……

拔地而起的楼宇，对建筑的单层限制不再起作用……

布吕阿大道和德特勒蒙司令街十字路口亮起了第一盏交通信号灯，很快，所有的路口都装上了红绿灯……

帕皮提贯通了"碎珊瑚"铺就的柏油路……

行政区成了住宅区……

帕皮提的街区变成了拥挤不堪的贫民区……

到处物价飞涨，尤其是房租……有人趁机发家致富……诈骗犯层出不穷……

巨大的经济繁荣促进了当地对劳动力的需求以及第三产业的就业机会，人们的生活和健康水平也大幅提高。经济、社会和文化生活都发生了翻天覆地的变化。由此造成的诸多危害开始显现：文化适应，价值观和道德基准的丧失，金钱和利益的支配，社会分裂，贫困问题……

法国拨来的一笔空降的公共费用，由于分配不当，造成了社会更深程度的贫富不均，加剧了人群边缘化的问题……

大溪地，这座神秘的岛屿，西方社会想象中的天堂，就此进入了消费社会时代。1959年当选参议员的阿尔弗雷德·波鲁瓦，把越来越多的公司业务放权给他人。温惠仁便是其中的一员，他建议在进口卡车的同时，将业务拓展到其他类型的汽车。

他想要引进一些比梅赛德斯-奔驰、福特、标致著名的403更小也更便宜的车型。他选择了菲亚特，主要选定了500和600两个型号。很快，这两类车就像新鲜出炉的面包那样热销，波鲁瓦公司的业绩因此突飞猛进。

温惠仁成功地将太平洋实验中心带来的利好转化为波鲁瓦公司的利润，他的个人事业可谓如火如荼。他买了一辆车，全家人过着舒适、简单的生活。无论在华人社区，还是其他圈子，他的社交生活都十分丰富——波鲁瓦夫人经常邀请他去吃晚餐——当然，这对他而言并非努力工作的重要动机。

他始终保持着对工作的热情。他也花时间做体育运动，这对他保持身心平衡至关重要，散步、慢跑、踢足球、打网球、练习体操……

不过他并不满足于自己在波鲁瓦公司的成就，他充满了新的想法、新的计划，他想要扩大自己的活动范围。

1962年，他和办公室的一个同事盖伊·杜邦（Guy Dupont）合伙，买下了阿鲁（Arue）的一家餐厅——"普洛海滩"餐厅，靠近游艇俱乐部和军营。普洛是海滩入口的名称。那是一片美丽的黑沙滩（由小玄武岩而非珊瑚形成），有着拥有百年古树的美丽花园，黄槿树、榄仁树、铁树、椰子树随处可见……在海边放着几张桌子，甚是迷人。

具有前瞻眼光的温惠仁，将会把这里打造成一个不单是浪漫的旅游胜地。

在帕皮提，酒吧、歌舞厅和夜总会里挤满了夜猫子，初来乍到的人里，有许多单身汉（确实单身，或是地域性单身）。他们来这里寻找异国情调。

纵酒寻欢、大溪地女人、塔穆雷舞蹈还有尤克里里……人们跳啊、唱啊，欢笑、豪饮。这里的人们需要放松消遣，需要一场友好的见面，浪漫的邂逅，还有对欲望的追求。

提供这些乐子的地方有很多：国际知名的夜总会"奎恩"（Quin's），"热带"（Tropics）、"蓝领"（Blue Collar）、"子奏"（Zizou）、"莱亚"（Lea）酒吧，大溪地酒店，普纳奥亚的塔希提酒店度假村，还有阿鲁的"丽多"（Lido）和"老佛爷"（Lafayette）夜总会。

很快，温惠仁把盖伊的股份也买了下来，完善了餐厅的功能，一举成功。

他为餐厅增添了一个酒吧和一个舞厅，还增加了接待区，以及重要的木栈道和大型舞池，在这里办起了大溪地最大的夜总会。

像"老佛爷"和"丽多"一样，当其他夜总会关门时，普洛方在午夜开放。

他选择引入"Les Savates jaunes"（意为"年轻的笨家伙"）管弦乐队作为卖点，邀请本土著名歌手马里特拉吉（Mariterangi）、亨丽埃特·温克勒（Henriette Winkler）、伽里步（Gabilou），还有美国、新西兰、澳大利亚正当红的歌手们来驻唱。奢靡的气氛下，脱衣舞娘徐徐登场。

正如所有用酒精令身体和思想发热的地方一样，打架斗殴是这里的常事。

尤其因为太平洋实验中心项目而引入的大量士兵、水手、退伍军人，男性荷尔蒙充斥在空气中。女性在这里十分紧俏，成为男人们觊觎的对象，妒火是诱因，冲突一触即发。

于是，这里除了工作人员外，还聘请了主管、保镖，但仍不能确保每次都在第一时间控制暴力事件的发生。温惠仁想到了一个绝妙的主意，使这一难题迎刃而解：他邀请宪兵前来，为他们预留一张角落的桌子，有他们在场，便可随时恢复餐厅内的秩序。

普洛餐厅，对温惠仁而言，意味着动荡期，也是摆脱束缚的事业过渡期。

这个年轻人（决定这么做的时候他 28 岁）很清楚这一点。

他的未来决不会停留在夜总会老板这个身份上。他可能会经营个 10 年，但不会永远全职做这个。他不会脱离正统思想下所谓"正常"的生活。倒不是说他认为夜总会的老板无法得到尊重，也不是因为天主教的道德感令他感到尴尬，而是因为他的个人行为准则，他的信仰不允许他完全和这个属于夜晚的场所附着在一起。总而言之，这有失体统。

尽管对酒精带来的颓废感到好奇，他自己却非常清醒，他从不喝酒。他有种预感，这种轻松赚得的钱很可能会将他导向危险的境地。他保持清醒，不改初心。

"知者不惑。"他喜欢孔子的这句话。

儒家思想帮助他掌控自己的感性情绪。

"身正而家治矣。"

关于脱衣舞娘，惠仁试图向他的孩子们作出合理的解释，尤其是对几个刚进入青春期的男孩，他会这样解释：这只是为了让他的夜总会更有吸引力，只是为了工作。他本人并不赞成这样的服务，这是一种没有爱的表演。爱是不可或缺的……

不过，他很快意识到布鲁诺和盖伊并不需要这样的解释，米兰达就更没必要了。首先，他们从不会看这个节目。如果被问及脱衣舞，他们会回答：对他们来说，那是一种舞蹈形式，和大溪地已经存在的 mahu 舞（异装爱好者或同性恋表演的一种舞蹈形式，在大溪地本土很有名气，也在某些夜总会取得成功）一样，而所有这些，他们都不感兴趣。

他们感兴趣的是在大海边嬉戏，他们可以在那儿度过自由快活的时光。他们在长滩上追逐嬉闹，在潟湖边钓鱼——里面有许多鱼儿和贝类，只要他们有空闲，就会和小伙伴和弗朗索瓦的孩子们一起来这里玩耍。

何况，普洛并不只是一个夜总会，这里也会举办聚餐、婚宴，还常有中国杂技和杂耍表演，这些节目小朋友总是看不厌。

至于毒品，在普洛绝不容许存在。

在大溪地，自 1960 年开始就限制了鸦片的使用。后来，它以软性和硬性毒品的形式，造成了一场灾难，引发了更为严重的成瘾问题和身心堕落。

鸦片于 1877 年在这片殖民地获得批准，当时，法国政府允许其进口和分销，创建了"鸦片农场"（其中最早的

"农民"就是帕皮提后来的市长卡尔代拉！），只向华人提供咀嚼或吸食的罂粟叶，这有利于他们在阿蒂马诺的劳作；后来又在大溪地岛和马库塞斯群岛，给他们提供有待开发的土地。

禁令颁布以后，瘾君子们在自己家里或是城市隐蔽的吸烟室内吸食鸦片……

温惠仁同时处理着各项事务，他有非凡的工作能力，顽强的意志，能屈能伸，他睡眠很少却依旧精力充沛。

每天睡四五个小时，对他而言就足够了，他总是风风火火地辗转于各个地方：白天在波鲁瓦公司，夜里在普洛俱乐部。他从工作中节省下来的必不可少的时间，则留给了孩子们，抑或是运动和旅行。当然，在旅途中，他还是马不停蹄地工作。

他开始享受这种分身有术的旅行，因为他的身份证件被正式登记，这让出国旅行变得更为简单。人们再也不用拿着人名登记簿，在编号 8470 下找到他是个华人。

周游列国

"因为 Firmin 和 Fui Yin（惠仁）读起来很像，Wane 比 Wan 看起来更法国。"法国政府的官员大声叫喊着。

1962 年的一个早上，在帕皮提的入籍办公室里，温惠仁的执意抵抗让官员十分恼怒。

"我执行的是同化华人的规定。法国合法要求将你的姓名法国化。"官员试图向温惠仁解释，可后者坚持道："17 年来，所有人都称我为温惠仁，他们认识的我就叫温惠仁。至少要加上'dit Robert'（即温惠仁）。至于 Wane，这个 e 在法语里不发音，所以和 Wan 听起来是一样的啊。"

最后，这个理由被采纳了。在身份证上，惠仁的姓沿用了 Wan。但 dit Robert 并没有被通过。Robert 被作为中间名，排在 Firmin 之后。为此，他不得不聘请一名律师介入！

于是，Firmin Wan 作为官方名字存在。然而，没有人认得这是谁。温惠仁对这个官方认证的名字不屑一顾，他继续叫自己罗伯特·温。

而他弟弟路易的姓氏变成了 Wane。同一个家庭成员的姓不一样也并不罕见，有时，甚至没有任何共同点。

这种确认法国名字的手续相当繁琐，在大溪地华人入籍的过程中被中止。只在涉及删除已登记在册的未命名编号人员时，仍然作为一条强制规定。不过，为人员编号的方式随着不断涌入的移民潮也逐渐被取消，其中，大部分移民是客家人。

萧（Siu）家便是典型的一例，作为族长制的传统大家族之一，以萧腾幸（Siu Tung Hing）为首，联合其他名门望族，他们都保留了自己的姓氏，如张（Cheung）、黎/赖（Lai）、刘（Lau）、廖（Liu）、郝（Howan）、王（Wong）、杨（Yeung），等等。

在他们的名字被法国化的同时，身处大溪地并加入法国籍的华人就成了法国人。他们渴望把孩子送去法国或是天主教学校念书，华人学校的关闭也间接加快了这样的融合……

无论是否拥有一个法国化的姓氏，越来越多的大溪地华人在当地社会中居于要位，许多人成了举足轻重的显要人物。

尽管把这些人的成功与太平洋实验中心带来的经济高速发展相关联的说法已经令人厌倦，20世纪60年代后期，华人社群的确开始在各个领域成为代理人。华人主导了当地的生意、大宗贸易和进出口。随着钱辛（Chansin）家和玛丽（Marie）（萧家女儿）联手创办的著名的"夏威夷与金星"面料商店的开张，服装业也攥在了华人手里。他们的店人气很高。他们设计的连衣裙，对传统的大溪地式样进行了改良，优雅摩登，可以与当时巴黎设计师的作品相媲美……1965年，出现了第一名华人血统的医生豪万（Howan），他和托赞（Tauzin）、唐普勒（Temple）、吕埃（Ruez）等医生共同创办了卡尔代拉诊所。首位华人律师是一名女性——玛格丽特·刘（Marguerite Liu），1968年她从学校毕业，是1921年出生在大溪地的刘诚（Liu Sing）的女儿，那年，他们举家移民至此，创办了进出口公司"进发"。玛格丽特·刘日后嫁给了画家布洛克（Bouloc）。

　　第一位政治家，米歇尔·罗（Michel Law），法院会计师，于1972年成为领土议会的议员之一。

　　大溪地第一位综合工科学校的毕业生也是个华人，名叫盖伊·杨（Guy Yeung），出生在背风群岛的赖阿特亚。其父1925年从广东移民来到大溪地。1965年，他从法国高等综合理工学院毕业，那是法国历史最悠久的精英学校之一；在那之前，他先后在拉莫奈天主教中学和巴黎斯坦尼斯私立教会学校的会士那儿上预备班课程。之后，他在法奴阿展开自己的事业，担任民航公司的管理层。

大溪地的华人刻苦努力，积极参与当地活动，在保留各自传统的同时适应当地社会，充分融入了当地的生活。

同时，通婚的数量也在这个时期开始逐渐增加。在那之前，大溪地的华人十分坚持自己社群的传统，年轻人的婚姻通常由父母决定，且都在同族人之间完成。渐渐地，异族通婚，通常是男方娶外国妻子，开始变得普遍。起初，人们十分谨慎，慢慢地，通婚的数量开始上升，华人-大溪地人（tinito-tahitien），华人-西方人（tinito-popaa）越来越多，他们诞下的小生命，将成为这片土地上最活跃的组成部分之一，是这些混血儿让种族、人种变得更丰富、更美丽。

温惠仁继续着自己的生活，Firmin 这个名字只存在于官方文件中。那一时期的他一直在旅行的路上。

澳大利亚是他的第一站，那是 1963 年的 11 月。

他作为波鲁瓦公司的代表被邀请前往澳大利亚，搭乘波音 707，澳洲航空公司旗下的悉尼-大溪地首飞航线，途经斐济。

在维提岛机场的中转时间很短，仅为飞机添加燃料和部分乘客过境作了短暂停留。这里是斐济群岛的主岛，当时还是南太平洋的英国殖民地（至 1970 年在英联邦独立）。

飞机继续飞往英联邦的澳大利亚。那是一个拥有 19 个州的大陆，其联邦的首都是堪培拉。悉尼是新南威尔士州的首府，同时也是澳大利亚人口最多的城市，是经济中心和大洋洲主要的金融中心。

1942 年，它作为盟军在第二次世界大战期间对抗希特勒的空军基地，遭日本轰炸后重建，是一个充满活力的现代化大都市。

抵达悉尼那天，澳洲航空首飞航班上的大溪地客人受到了非常正式的欢迎，政经界的领导人和活动家接见了他们。这是一次商务旅行，为了建立商业上的联系和交流，行程从拜访这座城市的重要景点开始……

波利尼西亚代表团进行的访问显得特别活泼。值得一提的是，同行的弗朗西斯·桑福德（Francis Sanford，年仅 20 岁）、弗朗茨·瓦尼泽特（Frantz Vanizette）、安泰尔姆·布雅赫（Anthelme Buillard）都是乐天派，波莱特·维耶诺（Paulette Vienot）和温惠仁也不甘示弱。温惠仁总是如此幽默诙谐，对生活充满热情。

悉尼鼓励开发绿色空间，当地有不少植物园或大型动物园，其中，海德公园的氛围最为友好欢乐。同样，乘坐沿海湾和港口行驶的快艇，也让人非常愉快。来到某个将视野分割为两半的海角处，快艇放慢了速度。这里从 4 年前开始建设悉尼歌剧院，这项巨大的工程还将耗时 8 年，并在今后因其前卫的造型和独一无二的选址变得举世闻名。这座地标性建筑出自丹麦设计师约翰·乌特松（John Utzon）之手，其本人不像他的作品那样为人所知，无论如何，这都将在现代建筑史上留下浓墨重彩的一笔。温惠仁在这次逗留期间所看到和学到的新鲜事物，令他毕生难忘。

也因为这次旅程，他和弗朗西斯·桑福夫结下了深厚的友谊，他们一道品尝了让人终生难忘的牡蛎！在旅行期间，他们得知了肯尼迪总统遭刺杀的新闻（没错，没有一个人会忘记自己是在哪里听到美国总统遭袭的消息）。

回到大溪地后，温惠仁迅速前往意大利都灵，在那里，他将以特许代理商的身份受到菲亚特工厂经理的盛情款待，虽然不是吉亚尼·阿涅利（Gianni Agnelli）本人，但也与之无异。温惠仁被他打造的商业帝国深深触动，菲亚特投资这些工厂的生产，加快了这座工业城市的发展，也成为其经济的核心输出。都灵，作为皮埃蒙特的首府，位于 Pô 河畔。这次游览中，惠仁了解到这里的文明也部分源于希腊-罗马文明，与法兰西文明拥有同样的源起。他在内心暗自将这座古老的欧洲城市和现代化的悉尼相比，他更喜欢后者。

但他欣赏意大利，无论是 15 至 16 世纪文艺复兴时期建造的宏伟的大教堂，王室和公爵或朴素或华丽的宫殿，抑或被 18 世纪巴洛克风格的漂亮大房子环绕的宽阔广场，还是大型拱廊里开设的琳琅满目的商店，都令人着迷。

何况，自中世纪以来，这些都不曾改变。摊贩、露天市场，当然还有天主教老城区和几乎各个街角都会有的小教堂，无不散发着魅力。

都灵的菲亚特母公司想要聘请他，为他提供一个要职。但惠仁对大溪地和阿尔弗雷德·波鲁瓦一片忠心。他甚至想让弟弟路易加入公司。

多年来，两兄弟步调一致，可谓默契有加，他们的家庭观念也很强。与 9 岁时被送回中国的大哥惠华再聚首，是他们一直以来的共同心愿，如果能够实现，将会是这 11 个孩子的首次家庭大团聚。哥哥弗朗索瓦和大姐安娜、佩佩还有伊莉斯，在一个中间人的帮助下，让这次家庭重聚终于得以实现。那是在 1966 年的一次出差期间，温惠仁搭乘 UTA 航空公司（1963 年由 TAI 与 UAT——航空运输工会合并而成），来到了香港。

香港！

一踏上这里的土地，惠仁就想起了父亲。正是在这座城市，这个码头，温鸿公登上了开往大溪地的轮船，梦想着有朝一日会回到故土，回到他的家乡清溪，他独自一人或是和孩子们一起……

此刻的温惠仁，仿佛透过父亲温鸿公的眼睛注视着香港。他莫名感动，五味杂陈，感慨万千：他的父亲终究没能回到家乡。但他感到欣慰：无论如何，他实现了父亲的部分遗愿。他在这里驻足，让那个曾经 22 岁的年轻人再度复活。此时的他 31 岁。他想知道，温鸿公若还在世，会想些什么。眼前这座早在 1904 年就已经历城市化，人满为患、熙熙攘攘、喧闹繁忙、令人着迷的城市，仍在不断飞速发展。它的转变非常疯狂。

60 年后，香港人口将从 30 万人增加到 2 700 万人。并且继续不断地涌入移民，似乎无穷无尽。

国际银行、最大的跨国公司和品牌的相继入驻，让香港的经济开始腾飞。

这里的港口是世界上最大的天然港口之一，最大的轮船在此迎来送往。因夹在山丘和山脉之间，这个港口城市不得不往高处走。它的建筑、商业和住宅，举世无双，一座座拔地而起的摩天大楼组成了钢筋水泥的森林……这一次，轮到温惠仁目瞪口呆了。

在这个资金大量涌入的商业和金融圣地，有许多人以

非法移民的身份留了下来——难以估量的贫穷和苦难令人
绝望。贫穷、痛苦无处不在，逼仄的房间，破旧的舢板和
帆船，穷困潦倒的普罗大众日日可见。这里还有许多走私
的问题，比如贩毒……

从过去的渔港，到日后的中国城市，我们依旧可以窥
见其过往的痕迹，比如来自汉代的寺庙……

"嗨！温惠仁！好伙计！你不认识我了？"

温惠仁盯着眼前这个叫住他的人，商人打扮，意气风
发，威严又潇洒。

啊……想起来了！这是阿福林，过去他们常常一起踢
足球。他特别受女孩们的欢迎，有过一段作为拳击手的辉
煌时光。然后有一天，他突然人间蒸发，据说是去冒险了。

他现在看起来还是那么英俊，很有钱的样子。

"我是走了狗屎运，"他说，"这里的橡胶大王是我的岳
父。我来这没多久，他女儿就疯狂地爱上了我，于是我们
就结婚了……"

而他就是那个促成温家家庭聚会的中间人。

他应弗朗索瓦、安娜、佩佩和伊莉斯的要求，来接温
惠仁，并驱车来到大哥惠华家，就是那个近40年前离开了
大溪地的他们的长兄。

兄弟俩面面相觑，像两个陌生人。

但很快，他们就彼此熟络起来。他们之间有着显而易见的相似之处。父亲与母亲唤起的手足之情……还有共同生活过的大溪地。两人开始聊起各自的生活。

惠华的生活并不容易。在清溪镇的几年里，由于战乱，当地被占领，他不得不逃离大陆……来到台湾。最后，他定居在那里，成了一名理发师。已婚，有3个孩子。

两个重新建立家庭联系的兄弟，迫不及待地想要追根溯源，至少能够回溯到温家的第七代，回到父亲温鸿公出生的老家。

温惠仁恨不得立刻就出发。但他还在出差期间，不得不回去。

一回到大溪地，他就着手办理让惠华回大溪地的手续。若想通过移民手续会非常困难，甚至是被禁止的。所有新移民都需要提供返程机票或居民押金。对于当地已经过剩的华人而言，移民要求会更为严格，一旦保证金不够，当局便不会受理。可是大哥惠华不一样，他出生在大溪地，他会成功的。两兄弟也一定会在20年后，一起回到清溪。

分道扬镳

1966 年，是温惠仁探访香港的那一年，也是他发现了亚洲世界和回到家乡的那一年，更是波利尼西亚经历转折的一年。

戴高乐将军再度造访这片群岛。他前来参观核岛并着手进行 A 炸弹测试。

炸弹！在土阿莫土群岛进行的原子弹测试！

在不久后的将来，这一做法将引发各方的不满，反对这些测试，反对始作俑者戴高乐，包括反核在内的抗议声浪和独立主张此起彼伏。不过暂时，这些反对的声音还凤毛麟角，尤其因为他们中大多数人多少都支持戴高乐主义，也因此感到为难。他们依然怀念 6 月 18 日那天空降的那个伟人，对有些人而言，他是让阿尔及利亚独立的人。

此外，戴高乐将军作为一名出色的演说家，不断地向波利尼西亚表达致意。谈及法国为确保世界和平的使命时，他将功劳归于波利尼西亚，包括它为欧洲建造的核武力，以及这样做为这片领土带来的益处——他让人们对太平洋实验中心的建设放心，确保一切部署没有危害，也不会造成不便，同时强调这将有利于波利尼西亚的发展……

另外，任何形式的抗议示威都遭到禁止。法国政府监视着这里。总督让·西库拉尼（Jean Sicurani）接到指示，在应对太平洋实验中心建设项目所带来的巨大变化的同时，必须保证波利尼西亚的社会安宁，避免紧张局势。

1966年暗暗涌动的紧张气氛还不至于影响戴高乐将军的访问。作为法国伟大的象征，他用3周时间结束了环游世界之旅，所到之处都受到了英雄般的热烈欢迎，来访大溪地自然也不例外。连续3天，第五共和国的建国元勋日夜狂欢庆祝，没有任何扰乱秩序的意外发生。欢迎仪式环环相扣，包括在塔拉沃举行的一场盛大的派对餐，庆祝晚宴可谓极尽奢华。

戴高乐还访问了驻扎在瓦伊拉奥的阿尔法（alpha）军队，参观了位于帕皮瑞的高更博物馆。

无论走到哪里，他都受到了民众的夹道欢迎和狂热崇拜。

登上德·格拉斯号（De Grasse）巡洋舰的他按下了雷

管，那其实只是个象征性的手势，因为很显然，触发原子弹爆炸不可能仅依靠一个按钮的操作。

事实上在此之前，已经有过三次发射，这绝非第一次，而是将在穆鲁罗瓦潟湖的驳船上完成的第四次。对将军而言，那是一次成功的操作。

此后的原子试验将在空中进行，它最终将会落入群岛的玄武岩地下。炸弹 A 试验之后，是 H 聚变炸弹。

而温惠仁还是和往常一样，在外出差。

他对戴高乐将军心怀敬意，钦佩他的品格、华丽的措辞，赞赏他的行动力和对一个拥有强大核力量的法国的渴望。他感谢他为大溪地及他本人带来的巨大的经济繁荣。但他从不流露对政治人物的个人情感，无论正面还是负面。

1966 年，他在香港有太多工作需要完成，他发现自己不堪重负。这让他的婚姻生活亮起了红灯。

塞西尔抱怨他频繁缺席，在孩子身上投入的时间太少。她说得没错。她原本寄希望于温惠仁管教孩子们，他却最终把教育的重担全部丢给了妻子。

布鲁诺已经 10 岁了，盖伊和米兰达，一个 8 岁，一个 6 岁。温惠仁意识到自己并没能亲眼见证他们的成长。

根据母亲的意愿，孩子们都接受了洗礼，接受天主教的教育。父亲负责监督他们的成长。

曾经梦想成为拉莫奈中学一员的温惠仁，如今，他的儿子们替他实现了心愿，他为他们感到骄傲。为此，他还向普洛埃梅勒（Ploërmel）兄弟所在的教会区提供了可观的捐赠。

米兰达进入了附近的教会区姐妹学校，然后考进了克吕尼圣约瑟夫中学。

一切都很好。不过，他意识到自己必须花更多的时间陪伴孩子，同时也不禁思考："人的一生中，在你可能尝试的所有事业中，建立一个家庭并抚养孩子无疑是最困难的，却也是最不寻常的。"

他必须更好地经营这项事业，重新安排自己的工作并腾出属于自己的时间。他必须平衡家庭生活与职业生活。

确实，他正为了事业牺牲家庭。他正在成为一个名副其实的商人，工作毫不意外地占据了他越来越多的时间。

这时，阿尔弗雷德·波鲁瓦也要退休了。身为参议员，他已将公司越来越多的权力委托给温惠仁。他提议把公司交由自己的儿子和温惠仁共同管理，收益五五分。温惠仁接受了这个条件。可儿子夏尔勒（Charles）不是他的父亲。他与阿尔弗雷德和温惠仁的工作理念相差甚远，也不具备与之相当的工作能力或动力。他过于依赖温惠仁。

一直以来，温惠仁与他的老板阿尔弗雷德·波鲁瓦的合作都非常顺利，他们彼此信任，共同分担责任，也投入了同样的热情，对经营公司拥有相同的诉求，因此，一路取得了成功。而要与阿尔弗雷德·波鲁瓦的儿子共同管理公司却举步维艰。

因此，1968 年，在加入波鲁瓦公司 15 年后，温惠仁决定离开。他对分道扬镳的结局感到伤感，可是他不得不这么做。

他赎回了自己在公司的股份，就此成为位于东桥的波鲁瓦公司建筑实体的所有者，该大楼被称为菲亚特大楼。他将开创自己的事业，有好几个项目正等待他带入正轨。

与此同时，温惠仁下定决心花更多的时间关心他的孩子，他也的确那样做了。

为此，他首先改变了家庭生活条件，改变一家人的住所。

1970 年 6 月，他建起了一栋新房子，年底举家搬迁。

这是一栋带游泳池的大房子，位于帕皮提以西提帕鲁伊的红峰。帕皮提人口激增，就连其沿海平原的火山斜坡也未能幸免。在提帕鲁伊，沿着同名河流建起了一排排住宅。这里是红峰的山顶，与之相连的是绿峰、马拉奥山、王冠山还有更高的阿奥拉伊山。这里环境优美，远离都市，亲近大自然。孩子们在这里生活能释放天性，他们随时随地都能在四周嬉笑打闹。

温惠仁常常和他们一起在野外散步。

父子一道发现大小岛屿、覆盖山脉的各种植被和野生动物，共同享受大自然的美景带来的难以言喻的幸福感。一起努力探索让人感到充实。不断超越自己，是温惠仁信奉的生活理念之一，他也想向孩子灌输这一点，锻炼他们的意志。

环绕马拉奥山（海拔 1 493 米）的路线上，至少从其高原（海拔 1 441 米）开始，正在架设电视天线继电器，线路信号从提帕鲁伊边界的法阿或是帕马泰伊经由"菜田道"连接到这里。从岛上最高的山峰放眼望去的风景令人惊叹，有城墙、刀刃状的山峰、不规则的峰尖，如同王冠或牙齿，抑或竖起的手指。奥拉希娜峰（2 241 米）处于最高点，它的山谷看起来无比神秘；法奥托阿谷及其瀑布是洛蒂的知名景点。

阿奥拉伊（海拔 2 066 米）是该岛的第三座高峰（第二高是皮托伊蒂峰，位于其北部山脊上的奥拉希娜之前，海拔 2 110 米），来到这里进行一次远足，可谓是山间的一场"赛跑",甚至是一场空中竞赛。经过各种令人眩晕的山道之后抵达山顶,俯视整座岛屿,以及潟湖、珊瑚礁和太平洋,眼前的风景是如此壮美。从这里,人们可以看到胡阿希内岛的山峰。7月或8月的冬季时节,起风时,清冽的寒冷沁人心脾。那是一种纯粹的美。世间万物陷入静默,苍穹之间流淌着无穷无尽的永恒……

有时,温惠仁也和孩子们一起游泳、打网球,在潟湖或近海钓鱼。

他把捕到的鱼拿来烧烤。他亲自下厨,他喜欢做饭。他会为孩子和朋友做一道菜,菜的味道堪称大师级别……

在位于红峰的家中,生活大体是快乐温馨的。然而夫妻间的关系仍旧不可避免地走向破裂,并最终导致了两人的分离……

两人于1971年离婚。温惠仁得到了孩子的监护权,那时,布鲁诺17岁,盖伊15岁,米兰达13岁。争取监护权的过程一言难尽,但惠仁不惜一切代价坚持,他最终打赢了这场仗。

彼时的法国也和戴高乐"分道扬镳"了。1968年,"五月风暴"掀起了政治运动的大潮。一场社会运动震动了整个国家,一群担心找不到工作和拒绝向传统社会妥协的学生们在南泰尔大学发动了这场危机。

他们以自由的名义，包括性自由在内，抗拒权威和禁令。他们的运动从郊区延伸到巴黎市中心乃至整个法国。

5月3日，发生在巴黎索邦大学的警察疏散行动及对抗议学生的抓捕监禁让情况急转直下。10天内，警方不得不面对那些竖起路障的学生。工人们也团结起来，工会要求在5月13日举行总罢工。

法国陷入了瘫痪。

大溪地和巴黎切断了联络。

没有任何消息。新闻由总督办公室通过无线电接收，再向公众公布。人们意识到了事态的严峻，开始焦虑。人们真的正在走向世界末日。

好在，将军将再一次拯救法国！

起初，漠不关心的法国政府感到惶恐。5月27日，首相乔治·蓬皮杜（Georges Pompidou）签署了《格勒内勒协议》（les accords de Grenelle），但这个协议并没能终止这场社会风波。

5月30日，宣称"消失"的戴高乐从德国的巴登巴登返回祖国，发表坚决有力的讲话，解散了国民议会，一举扭转局势。

议会选举为他争取了绝大多数的席位，然而他的号召力正在式微。

"反对"者最终赢得了1969年关于地区和参议院改革的公投。这位被法国人民否决的将军，在没能完成7年任期的情况下宣布辞职。他于1970年11月9日在科隆贝双教堂村（Colombey-les-Deux-Churches）的家中退休。

乔治·蓬皮杜于1969年接替他担任法国共和国总统。

生意场

1969 年底，从波鲁瓦公司的共同管理层中抽身之后，温惠仁和他的兄弟们在大溪地岛合伙成立了科马食品集团，这是一家经营进口和包装食品的公司，主营旧金山公司 Foremost MacKesson 的美国产品进口业务，他获得了特许经营权。

公司总部设于阿鲁，配备实验室仓库，用于接收和包装罐装冰淇淋及其他美国产品。得益于太平洋实验中心的影响，经济和人口增长促成了越来越成熟的消费社会结构……这一招还真成了！

那为什么不走得更远呢？

比如拿到"优诺"的特许经营权？这家法国公司于 1965 年由两家乳品合作社合并而成，由于其优良创新的产品品质，包括 1967 年推出的第一款水果酸奶，使其业务迅速扩张。

这次，温惠仁他们也成功了！由科马经销的这个小花图案的品牌，以其令人愉悦的味道在大溪地大受欢迎。

那为什么不使用自己生产的原料，挤当地自产的牛奶？

半岛上的塔拉沃高原是大溪地最棒的高原，尤其是其农业和牧业，发展良好。在它年轻火山的山坡上（生成于大岛浮现之后），人们仿若置身诺曼底。那里建有畜牧农场、奶牛场……奶牛在草原和圈起的牧场里吃草。它们会躲到胡桃树的树荫下……还有杧果树，巨大的杧果树。热带植物在这里顽强地生长。

自 19 世纪末以来，牲畜变得越来越重要，从数十头到几百头，继而上升至数千头。科马也加入了这个产业，它对畜牧业的布局加快了公司蓬勃发展的势头。

温惠仁似乎感到自己真的很受幸运女神的眷顾。他想到了自己在波鲁瓦的成功，普洛海滩的成功（在他卖掉之后那里毁于一场火灾），以及现在科马食品集团的成功。他陷入了沉思。孔子的话不无道理："死生由命，富贵在天。""不知命，无以为君子。"的确如此，温惠仁想。

有些人似乎在他们所做的每件事上都取得了成功，不费吹灰之力，就好像有一位仙女弯下腰来挥了挥魔杖。但那并不是他的成功之道。他的仙女名叫努力与坚韧，还有对一切充满好奇心和冒险精神。

无论身处何地，他都对一切感兴趣并敢于承担责任。

在旧金山，他冒着个人投资的风险来到这里与 Foremost 商讨业务。

这座城市令他折服。

加利福尼亚之旅拓宽了他周游世界的范围，不同的景观空间和崭新的生活艺术让他爱上了这座神奇的城市。

旧金山建在太平洋沿岸，拥有美丽的海湾，是座别具一格的城市，比其他美国城市更富欧洲气质，充满了历史感和冒险感。

这里也有许多摩天大楼，但不至于让人窒息，并且符合美学标准……这里的大道，是一些蜿蜒倾斜的街面，有时相当陡峭，一路向上就可抵达其著名的山丘群（有 43 个！）。来到山顶的人们气喘吁吁，汽车车轮打滑，个个精疲力竭。1873 年，为了方便人们进入这一区域，当地建造了缆车，其中的一些线路还在运行。一个人一生中至少要搭乘一次这种缆车，看看那里绝美的景色。

同样，还有著名的金门大桥。这座落成于 1937 年的大桥，是建筑和技术上的一次壮举，将旧金山湾与太平洋分隔开的海峡彼此相连。

在旧金山，维多利亚时期的房屋散发出古朴的韵味，鳞次栉比，融合了经典建筑和新哥特主义风格，倾斜的屋顶，炮塔，沿街的人字墙和先进的房型，弓形窗户，阳台……木材涂上浅色涂料，让这里的街道比英格兰的看起来更明亮。

渔人码头也充满魅力，虽然遭到世纪初大地震的重创而重建，这里依旧保留了伟大的捕鲸者和檀香木商船的回忆，讲述着移居的梅尔维尔（Melville）、史蒂文森（Stevenson）、杰克·伦敦（Jack London）或马蒂斯（Matisse）的记忆，他们从这里踏上了去往大溪地的旅程……对面是俗称"恶魔岛"的阿尔卡特拉斯岛，过去的联邦监狱，关押着臭名昭著的因犯，比如阿尔·卡彭（Al Capone）、"机关枪"杀手凯利（Kelly），还有阿尔文·卡尔皮斯（Alvin Karpis）……

这也是典型的多民族社区，拥有独一无二的氛围：白人居住的教会区，唐人街，日本城，卡斯特罗的同性恋社区……旧金山用自己的方式展示其文化多样性和反传统的特质……所谓的"弗里斯科"，是一种甜蜜的生活方式，满怀冒险家的梦想，向往更美好的生活，这里亦是许多被边缘化、被排除在外的人的避难所。

这座城市的发展可以追溯到19世纪中叶，人们在此发现银矿，开采石油，建造李维斯（Levi's）牛仔裤工厂。

1848 年，这里还只有 1 000 名居民，到 1849 年就猛增至 2.5 万人，全部涌向了矿场；尽管不至于像香港那样夸张，但总体而言，到 1900 年人口也已达 30 万人，1960 年底达到 70 万人。本地人明显占少数，白人占多数，亚洲人也占据了很大的比例，到 2010 年，亚洲人已占当地总人口的 1/3。

温惠仁深深地爱上了这里。

他买下了一套漂亮的公寓，俯瞰阿尔卡特拉斯岛，同时，他还持有 3 家餐馆的股份。

和 Foremost 公司的协议谈得十分顺利。

之后，他再次出发，开展新的冒险。

这一次，他来到了日本，与强大的三井不动产集团的投资者们一道，计划着手一个庞大的房地产项目。

这是关于一家酒店的修复，法勒乌蒂（也就是他现在的居所）一侧的"村庄"是一套带有热带花园的度假屋，买主是英国人汉斯洛。修复改造计划旨在为那些富有的游客提供一个在大溪地及去往其他岛屿过渡期间的奢华住所。最开始，这一项目的选址在胡阿希内岛和波拉波拉岛，温惠仁为此已经进行过土地购置和高级酒店建造的谈判。他投入了很多，他的合作伙伴也都投入了很大的热情。万事俱备，只欠东风。

可是，世事难料！1973 年的一场石油危机让这一切灰飞烟灭。

全球经济面临崩溃，由于被称为"黑金"的石油价格过高，人们宣布储备到了尽头，油井枯竭（这是假的）。银行为了自保，阻止一切投资活动。日本在国外的投资也被禁止。

在大溪地，燃料短缺引起了恐慌。飞机和船只航线变得稀少，岛屿变得孤立，产品短缺。汽油定量配给，车子大排长龙，令人绝望。一部分自私的人动起了歪脑筋，可耻地私自储备汽油。他们在最古怪的罐子和容器中装满汽油，存放在自家的车库或花园里，不顾这种做法有多么危险。

更可悲的是，人们储存了过多不必要的食物，最终都将过期。

"你必须懂得如何沉住气，永远不要气馁。"温惠仁始终这样坚持。

人们正在等待——对石油还有什么可做的？

他不得不放弃这个项目，损失惨重。

那时的温惠仁还不知道，很快，他会失去更多。这会让他已经十分窘困的局面雪上加霜。那将发生在1976年。

"温先生，温先生，快点来。你的大楼着火了，快来吧！"有人打电话告诉他。

　　这场发生在东桥大楼的火灾非常严重，他在波鲁瓦事务所的股份让他成为这里的老板，他对这里进行了大规模的翻修和功能改造，创造了独立结构、办公室和商铺，还引入了一批租户：包括皇家理发店、莉莉布料、大溪地 T 恤、蒂美可等其他企业商户。然而……

　　火灾始于发廊，蔓延至整个建筑物。火焰在整栋建筑中肆虐，它被一股浓浓的黑烟笼罩。当温惠仁到达现场时，消防队员正忙得不可开交。然而，火势过于猛烈，已无力回天。灭火的水化作蒸汽，围观的人越聚越多。《快讯报》《大溪地日报》的记者纷纷赶来，不停地拍照赶制他们的报道。法国海外电视频道的摄影师来现场拍摄，大溪地电台的主持人也在进行现场报道。整座建筑都被摧毁了。谢天谢地，没有人因此遇难。

　　"温惠仁，我们和你在一起！"来自商界和政界朋友的支持和关心不绝于耳。

　　但这种折磨异常可怕，虽然不至于是一场彻底的悲剧，毕竟没有一个人因此死亡或受伤，但他仍然感到痛惜万分，财产的损失，自己的不幸，以及租户的痛苦，更增加了这种折磨感。他对此非常敏感。思考着所有这些，他几乎被压垮了。

温惠仁比预想中受到了更沉重的打击。他本以为至少可以从他的保险和他的租户那里得到一点补偿。可公司展开调查，得出的结论是，业主负责的电气装置不合规是造成火灾的原因。我的天！因此，作为法人，他必须对这场事故负担全部责任，赔偿巨额损失：1.2 亿法郎！从哪里找这些钱？

有人建议他申请破产，那样就可以不用偿还。但他拒绝了！

他假设在同甘共苦的弟弟路易的帮助下，和所有租户协商分期付款。那样操作的话，他需要用 10 年时间才能付清！

终于，温惠仁从 1976 年的这场大火中渐渐缓过神来，在他信奉的人生哲学的激励下，他经历了一次充满激情的冒险。3 年前房地产项目失败之时，他已经处于人生的谷底，但那并没有击败他。"最伟大的荣耀不是永远不经历失败，而是每次失败后都能重新站起来。"

他在儒家精神的影响下重振士气，再次成长，准备好开始新的冒险，承担新的风险。

他不再怀疑自己，不再怀疑自己的运气。他已准备好迎接新的际遇。

而这将是他和珍珠命中注定的偶遇，"珍珠带来的好运。"他说。

1973 年，当他的兄弟路易告诉他澳大利亚人威廉·李德（William Reed）即将出售所拥有的"大溪地珍珠"公司（Tahiti Perles）时，他毫不犹豫地迅速采取行动，当然是在获得了一些情报之后。

温惠仁就此踏上了养殖黑珍珠的冒险之旅，这一行业在当时的波利尼西亚尚处于起步阶段。

珍珠之路的起点——曼加雷瓦岛

"为什么威廉·李德要卖掉它？"打算和兄弟们一起买下大溪地珍珠公司的温惠仁四处向人打听。

"因为他的妻子从未真正适应帕皮提，在曼加雷瓦岛上的里基泰阿更是活受罪。"答案显而易见。

事实上，对于李德太太来说，和澳大利亚相比，大溪地几乎是个与世隔绝的地方，她很难在丈夫建立珍珠养殖场的甘比尔群岛曼加雷瓦坚持生活下去。

这里距帕皮提 1 500 千米，位于波利尼西亚最偏远的角落之一。她已默默忍受了 5 年。威廉·李德，黑珍珠养殖的先驱者，不得不为此让步。特别是当他意识到，想要在珍珠生意上赢得成功，他还需要有些大手笔，然而，现在的他无力负担。

李德是一名澳大利亚生物学家，1968 年受聘于波利尼西亚政府。政府意图对黑蝶贝——人称"珍珠母贝"——

进行珍珠养殖开发，并对其进行移植……

　　他参与了研究和实验，从事珍珠母贝的培育及其繁殖。通过研究观察幼体状态，寻找最适合幼体群生存的环境：平静的水体，较低的含盐量，快速更新的活水……

　　基于这些条件因素，他在甘比尔群岛首先选定了曼加雷瓦，随后是土阿莫土。事实上，这两个群岛是一体的。它们的分隔只在于行政区划，完整的名字是"土阿莫土–甘比尔群岛"。

　　土阿莫土和甘比尔有着相同的原始热点，从那里形成了火山，随着时间的推移，彼此逐渐远离并下沉。

　　首先诞生的是土阿莫土群岛，它被海水淹没，剩下的环状珊瑚礁露出海面，形成环礁；而土阿莫土，人称"危险的群岛"，是平坦的岛屿，海面下有看不见的危险岛礁。

　　甘比尔群岛在更年轻时以小岛和高岛的形式存在。其中，曼加雷瓦是最大的一个，也是距离热点最远的部分。为了理解这些，我们有必要了解热点、岛屿洼地、珊瑚和环礁的形成，这一切为孕育珍珠提供了基本条件。

　　最初，这座年轻的火山并不存在潟湖。它的礁石与海岸直接接壤，是为裙礁。在海水极限温度情况（20～30度）下，以海面上的岛屿部分为基础，结合盐度和光照，通过动物、石珊瑚和植物、微小藻类、虫黄藻之间形成的共生环境，形成了珍珠诞生的环境。这种组合有助于固定水中的钙，并形成一个类似岩石的碳酸钙骨架：不断更新的珊瑚礁。它是有生命的。

火山锥在海底下沉过程中坍塌，而珊瑚礁在其初始周边继续发育成长，其基底逐渐缩小。海水侵入其中，形成潟湖，边缘礁成为礁石。

岛屿距其热点越远，它的年龄越大，下沉、缩减的速度越快，潟湖面积也就越大。它最终占据了被吞没的岛屿的所有空间。当这些岛屿消失，沉浸在其潟湖中时，它们就变成了环礁（这个词来自马尔代夫），环状的珊瑚继续生长。土阿莫土群岛便有 76 个环礁。

而曼加雷瓦不是环礁，它还没到那个阶段，可它是群岛中最大的一个岛屿。我们依旧可以看到达夫（Duff）山高 441 米的火山顶。它的身旁是 256 米的泰拉瓦伊山、246 米的阿卡马努和 198 米的奥凯纳，其他山峰显然更低。

在社会群岛，大溪地是离其热点最近的岛屿。波拉波拉更远，年纪更大，拥有一个大型潟湖，在马奥皮提之外，还有西西里和别林斯高晋环礁。

威廉·李德成立了他的大溪地珍珠公司，并在曼加雷瓦东海岸的塔库建立了珍珠母贝养殖场。他和让·多马（Jean Domard）都是波利尼西亚养殖黑珍珠的开拓者。这段历史众所周知，经常被人拿来讲述。

然而，还有一个名字，弗朗索瓦·埃尔韦（François Hervé）却从未被提及。实际上，早在 20 世纪 30 年代，他已是当地这方面富有实验精神的先锋了。

他是一名在阿帕塔基办公的土阿莫土岛礁管理员，学识广博，对一切充满好奇。他发现了创造珍珠的秘密。在遥远的环礁上，他订阅了包括《科学》杂志在内的一系列杂志。他阅读了大量的专业文章，其中就有关于早在 1900 年日本已经开始的对移植物的成功实验。

他懂得天然珍珠的生产机制及整个过程：来自牡蛎对异物、沙粒、寄生虫出现的防御性反应，自发引入一枚珠核，分泌有机质将其包裹，形成一颗珍珠；如果任其慢慢生长，则成为一颗养殖珍珠。

勇敢能干的弗朗索瓦·埃尔韦想要尝试把掌握的知识运用到实践中。他周围到处都是珍珠母贝。他对所有从环礁海底采集和收获的珍珠母贝进行监测，并从中筛选。他试图寻找移植它们的最优方法：引入一枚核和最好的核侵入物，再把它们放回潟湖，静静等待。

他曾建过一个养殖珍珠的蚌苗场。在马蒂斯的笔下，弗朗索瓦·埃尔韦"差一点就要成功了"。1930 年，马蒂斯在他家度过了 3 个星期（在法卡拉瓦环礁 4 天的短暂逗留，给这个画家留下了深刻的印象），也正是在同一个地方，1994 年的温惠仁将打造属于自己的珍珠养殖场。

但似乎没有其他人对这位名叫弗朗索瓦·埃尔韦的管理员的所作所为感兴趣。从未有人指出他对黑蝶贝首次移植尝试做出的贡献。

直到领土渔业部门负责人让–玛丽·多马（Jean-Marie Domard）亲眼见证了一次珍珠养殖场的实验，这一产业才得到再次发展！一开始，并没有人相信这件事。

1962 年，他奋力尝试，在日本移植技术团队的支持下，为大量的黑蝶贝植入珠核，其中包括室井先生（Churuko Muroi）的帮忙，他对这类移植技术的手术精密程度了如指掌。

经过 3 年的培育，他收获了 1 000 颗黑珍珠，有一些成色极好。这证明了波利尼西亚的潟湖环境里可以诞生养殖珍珠，只是它们是深色的，与日本的白色珍珠异曲同工。很少有人对此真正感兴趣。但黑珍珠（poe rava，大溪地语中 poe 意为“珍珠”，rava 意为“黑色”）的冒险自此正式拉开帷幕。

之后陆续加入进来的第一批冒险者有：威廉·李德、

可可·沙兹（Coco Chaze）、让-克劳德·布鲁耶（Jean-Claude Brouillet）、巴黎珠宝商罗森塔尔（Rosenthal）和他的儿子们，之后是保罗·俞（Paul Yu）、让-保罗·兰蒂亚克（Jean-Paul Lintilhac）、让-皮埃尔·富尔卡德（Jean-Pierre Fourcade）和让·塔卜（Jean Tapu）……

美国人萨尔瓦多·阿萨埃尔（Salvador Assaël）也可被视为黑珍珠的先驱之一，不过不是以培育者的身份，而是作为纽约的批发商。正是他将黑珍珠带给了世界上最大的珠宝商们。

1973年，温惠仁首次接触黑珍珠时，他造访了威廉·李德位于曼加雷瓦的养殖场。这是一个带木桩平台的小型养殖场，有实验室、稚贝收集器和固定池。这名生物学家主要在此研究黑蝶贝幼体的最佳出产情况。一系列的改进计划势在必行，必须改善设备并扩大规模。可惜李德办不到，于是他只能选择出售养殖场。

尽管对珍珠一无所知，温惠仁还是计划收购这个养殖场。他从一开始便感受到珍珠的召唤，那是一种神奇的吸引，他渴望一窥珍珠的秘密。

他初步了解了珍珠的形成，需要在其周围插入异体，需要对它进行真正的外科手术。不是简单地将它植入壳内，而是植入其外套膜内。

外套膜是蚌类动物内脏群的保护膜（其中包括胃、呼吸器官和繁殖器官）。蚌类动物在防御时，可以完全覆盖住珍珠母贝的入侵物，因为它能够自由活动。几年间，珍珠液连续不断地层层包裹，从而创造出一颗珍珠。

温惠仁得知，养殖珍珠的发明要归功于 1893 年的一个日本人，御木本幸吉（Kokichi Mikimoto），但他最初的实验并没有获得真正的珍珠。引入牡蛎的异物只是残留在外套膜外，黏附在其内壳上。

软体动物出于自卫，分泌珍珠液，但无法完全包裹住异物。其中包裹的部分形成了半边珍珠，也就是一颗必将从壳上脱落的半球状马贝珍珠（mabé）。

12 世纪开始，中国便已出现马贝珍珠的制作，不是以半边珍珠的形式，而是一个迷你雕塑，例如佛像。介入的珍珠母贝层层覆盖多年，当与贝壳分开时，即成为一颗珠宝。

另外，也有人认为，自然主义者瑞典医生林奈最先提出了珍珠养殖的理念。1761 年，他研究了牡蛎的珍珠分泌物，并在其中插入了异物。

首次移植则是由另外两名日本人完成的。1904 年，见濑辰平（Tatsuhei Mise）和西川藤吉（Tokishi Nishikawa）

同时获得了第一颗圆形白珍珠。1907 年，他们提交了专利。1908 年，御木本（Mikimoto）加深了技术研究，再次递交了自己的专利技术。

关于养殖珍珠之父的争论从未停歇。见濑辰平和西川藤吉是养殖珍珠技术的发明者，御木本则是现代养殖珍珠的先驱，也是推动者。

经过多年的研究和经验，人们开发出了尖端的移植技术，包括提取一片（即将死亡的）牡蛎的外套膜组织，使其包裹住植入另一枚牡蛎的小型人工核。

外套膜，在软体动物内层分泌珍珠母贝——一种非壳类、具有虹彩光泽的半透明物质，由矿物盐着色，通过相同的过程隔离异物，形成具有相同品质的珍珠，其丰富的光泽变化令人称奇。

正是在曼加雷瓦，温惠仁了解了养殖珍珠的过程，并且决定加入这场黑珍珠的冒险，他要开辟属于自己的道路，这将会是一场长远的冒险。

1974 年，他和他的兄弟共同买下了李德的公司，保留了名字"大溪地珍珠"（Tahiti Pearls）以及该岛东南沿海的塔库养殖场。

这片位于甘比尔行政中心里基泰阿的海岸，在达夫山和广阔海湾之间拥有一座迷人的小城，有自己的市政厅、警察局、邮局，壮观的大教堂、小教堂和已成废墟的修道院。过去，基督教在这里大行其道。

从古老文化的角度来看，几乎没有任何东西被留存下来。岛上的最后一个国王马普特奥的宫殿废墟，其炮塔和瞭望塔都不是波利尼西亚风格。众神雕像，包括著名的荣戈，则收藏在法国的博物馆。毛利人集会的寺庙也都被摧毁。随着天主教团的建立，前欧洲的历史已荡然无存。

温惠仁正式搬到了曼加雷瓦，成为一名珍珠养殖方面的学徒。

他投入了一种全新的生活，被"珍珠的好运"牵引着，被珍珠的激情引领着。他要全心全意地学习和了解它。

黑蝶贝

　　温惠仁开始探索大溪地黑珍珠时已经 39 岁了。尽管拥有多年在商界浮沉的经验，也有来自敬仰的父母传承给自己的精神财富以及兄弟姐妹和朋友给予他的鼓励支持……但他对珍珠知之甚少。

　　虽然他理解了珍珠形成的基本原理，可他必须深化这项技术，毕竟在波利尼西亚，这尚处于摸索试验的阶段。有必要借鉴白珍珠的生产经验，并将其运用到黑珍珠的养殖中。人们尝试了各种牡蛎，从合浦珠母贝（pinctada fucata martensi）或是阿古屋贝（akoya），一直到黑蝶贝（pinctada margaritifera），这是一种变种的蚌类，其内壳不是白色而是灰褐色，带有闪烁的珠光，亦即人们口中的"珍珠母贝"。

　　它一直以来都为波利尼西亚人所熟知。捕捞到的珍珠母贝，其贝壳过去用来切割成锋利工具，用作钓鱼钩和其他物件。

珍珠母贝则被装饰在头饰、胸饰和其他饰物上，作为装饰珠宝，成为真正的艺术品。欧洲人到来之后，它被加工镶嵌到物体上或装嵌在家具中，制成了数以百万计的纽扣，运用广泛，非常成功。

19世纪中叶开始，黑蝶贝的捕捞业已非常成熟。珍珠母贝潜水员拥有令人惊异的能力，可以屏气下潜到水下30米甚至40米的地方。这一产业刺激了当地的经济，直到新材料的出现。

如今，是时候轮到养殖黑珍珠登场了。

在养殖珍珠之前，还有天然珍珠，即天然珠。

那些精美的白色珍珠与人类的历史密不可分。我们总能在神话和传奇中找到它们的影子。它诞生于神的旨意，是象征美与爱的女神阿佛洛狄忒最初的眼泪。它也是纯洁的近义词，是财富和权力的象征。中国和罗马的皇帝，埃及克娄巴特拉女王或是东方君主的宝藏里都有珍珠，它们是最珍贵的宝石，是无价之宝。

珍珠母贝在英文里被称为"mother of pearl"（意为"珍珠之母"），由英国第一位女王伊丽莎白一世在15世纪赋予其这个名字，因为她本人酷爱用珍珠装饰自己。

天然黑珍珠十分罕见，鲜为人知。不过杰克·伦敦的一部中篇小说《马普希的房子》（ *La maison de Mapouhi* ），正是围绕着一颗"看起来在真实微颤，仿佛拥有生命"的黑珍珠展开的。另一个涉及它的艺术作品是"珍珠偶像"（ *L'idole à la perle* ），目前珍藏于巴黎奥赛博物馆，这是高更在1892年雕刻的一枚木雕，其中嵌入了一颗小小的黑珍珠。

从第一次访问塔库珍珠养殖场起，温惠仁就下定决心，深入学习并了解移植技术。他想和最顶尖的人合作，这一领域最厉害的是日本人。

收购之前，他给三井不动产的投资者打了电话，几年前，他曾试图和他们一起开展豪华酒店业务。对方十分乐意帮这个忙，给了他矢湾的佐藤（Sato）教授的联系方式，他是日本养殖珍珠界的权威。他不仅把自己掌握的学识分享给温惠仁，还向他引介了生物学家宫内先生，把最优秀的技术人员和移植专家都带到了他的养殖场。

除了在生产方面提供支持，作为御木本的朋友，佐藤还把温惠仁介绍给了自己的孙子——他在鸟羽市拥有珍珠岛——这为最高品质的珍珠的市场化提供了最佳后援。

有了这些坚强的技术后盾，温惠仁和他的兄弟一举买下了这片将由他主要负责的珍珠养殖场。

对养殖场的改造涉及转型、增产、分销和销售。温惠仁必须安排好自己和雇员们的生活以及每个人的分工。

按照规划，温惠仁增加了住宅单元、办公室、仓储和分拣设施，还扩大了收集平台、幼体收集器、实验室和移植手术室的规模。

新一轮的潜水收集来成百吨的稚贝，从而增加了珍珠母贝的存量。其中有相当一部分会成为牺牲者，需要借用它们的外套膜一端来包裹珠核；另一些，则从最漂亮、最大、内壳闪闪发光的那些珍珠母贝中进行挑选，一旦经过移植手术，它们就将被放回水中——当然，失败的风险极大——会有专人至少追踪两年，以监测其珍珠孕育情况。

珍珠养殖是复杂而精密的过程，仍处于不断研究中。贝类学家的最新研究发现，与有机物相关联的碳酸钙晶体层分泌物，若未能对珍珠母贝皮层移植物进行包裹，珠核则会排斥这一过程。人们发现，最好的珠核来自密西西比河淡水中被切成球状的珍珠母贝。但为什么选择密西西比河的母贝？

只是随心所欲的选择吗？显然不是。而是其类似于大溪地珍珠母贝的质地。密西西比河的这些贝壳能够产出非凡的白色珍珠。

为了获得更好的珍珠产量，对最优秀的水质的研究仍在继续，我们必须获得基本清澈和平静的水体，同时又必须带有轻微的浑浊。

珍珠母贝会汲取潟湖里的水（每小时 10～15 升）并不断过滤，以便获取其进食必需的颗粒：浮游生物和其他有机物微生物。珊瑚石灰质里的矿物质、微量元素、金属盐，黑蝶贝吞下的泥沙，这些并不能真正为珍珠提供营养，它们是通过外套膜参与珍珠层的形成过程。它们也参与形成文石层，呈现出虹彩、荧光的色泽。然而，这个过程远未被完全参透。

人们正在寻找将移植珍珠母贝放回水中的最佳条件：我们是否必须将它们悬挂在平台或木筏的绳索上？或者将它们放入篮子里？这些篮子应该是手风琴式的还是金字塔形的？答案并不确定，人们总在努力改进。

在曼加雷瓦的起步阶段并非易事。特别是当建筑物规模如此大时。温惠仁总有深谋大略！由于地理位置偏远，这里的通信闭塞缓慢，几乎与外界隔离。更严重的是，当地人似乎对温惠仁他们的到来并不热情。面对登岛的外来者，本地人很难以好脸色相迎。人们并不会主动提供帮助，相反，他们还让塔库基地的情况变得复杂棘手，那里的人们甚至做出恶意行为，其中包括许多令人惋惜的偷盗行为。

幸运的是，这场大溪地珍珠的冒险见证了温惠仁生活中又一段美好爱情的到来。他有了一个新的伴侣。她年轻漂亮，活泼可人，与众不同。她喜欢来到甘比尔。他们彼此相爱，幸福美满。

她名叫蒂亚尔·桑福德（Tiare Sanford），是温惠仁的挚友弗兰西斯（Francis）与妻子丽萨（Lisa）的女儿。美丽的丽萨是典型的大溪地女人，爱笑的她热情、慷慨、惹人喜欢，与弗朗西斯是天造地设的一对璧人。

他们的女儿蒂亚尔在帕皮提的旅游工会工作。在曼加雷瓦，她发现了岛上的圣人弗朗索瓦·拉贝依（François Labbeyi），原来差不多是她的祖父——他是出生在此的祖母的第一任丈夫，后来祖母再婚，现已不在人世。弗朗索瓦·拉贝依是当地受所有人爱戴的大人物，他为温惠仁遇到的麻烦感到抱歉。他向当地人写了一份建议书，借此警告所有那些伤害温惠仁及其养殖场的人。

一切都得到了妥善的安排。

养殖场经理得到任命。珍珠母贝专家团队建立进展顺利。来自日本的职员和科学家——分析师和品控员——以及主要负责洗刷未加工的珍珠母贝，负责分类、维护、监测移植过程和负责收获的工作人员各司其职。1975 年，温惠仁对 2 万个珍珠母贝进行了第一次移植，并在 2 年后进行首次采珠。

他收获了 1 700 余颗优质的珍珠，准确的数字是 1 756

颗。这是巨大的损失，但也很正常。其中有些珍珠令人惊艳，它们拥有完美的形状，圆形或椭圆形，散发着迷人的光泽，宛如夜空中闪耀的繁星，每一颗都带有难以形容的奇异光彩——有的如月光般皎洁，有的又如暴风雨来临前的天色，还有一些带着金褐色天鹅绒、燧石或暗紫色调……

温惠仁不厌其烦地凝视欣赏着它们。他饱含深情地说："这和葡萄酒有点像，通过品鉴葡萄酒的色泽、澄澈度和芳香，还有它为味蕾带来的享受和余韵，我们便能从中体会到它的种植土壤和特性。对珍珠而言也是一样的道理。"

他继续说道："这是经过艰苦努力后得到的成果，我为这些珍珠感到骄傲。它们具有绚丽的光泽，如此细腻光滑的表面，微妙的色彩，有一些完美圆润，另一些则带有令人惊喜的形状。"

"作为一名商人，我认为这份宝藏所带来的财富，通过出售珍珠得来的资金，一定会推动我的公司更好地发展。"

毫无疑问，他将把这个宝藏呈现给御木本集团的领导层看，还要对佐藤教授表达至深的感谢。这是他从日本带来的好运。

同样，日本也令温惠仁心向往之。

日本是太平洋中的一个山地群岛，地处中国和韩国附近，由四个大岛组成：（包含首都东京在内的）本州、北海道、九州和四国，以及数千个小岛。它是世界上最富有和最发达的国家之一，是拥有狩猎采集和渔民的最古老文明之一。

日本的历史跌宕起伏。公元前 3 世纪，中国文字和佛教开始传入日本；9 世纪至 15 世纪，武士阶级诞生；作为强大氏族、家族成员的幕府将军，掌握着国家的实际政权，皇帝扮演的只是受人尊敬的宗教角色。

1946 年，裕仁天皇放弃了他的神圣权利，并制定了宪法。日本成为真正的民主国家。从第二次世界大战的灾难——原子弹爆炸中恢复过来的日本签署了新的条约，它即将成为当今世界上最强大的国家之一。

日本，一个极其矛盾又高度相融的神奇国度，严谨的传统主义与狂热的现代主义形成了鲜明的对比。一边是智慧祥和的生活，另一边是忙碌疯狂的生活；一边是以富士山（高 3 776 米）为背景的静谧风景——乡村、禅宗花园、神社，百年历史的木质古建筑，美丽宁静的山水，另一边是摩天大楼，让人眼花缭乱的霓虹灯广告牌，人满为患的大都市。

日本的传统习俗中，有茶道，一种将完美和精致演绎至巅峰的仪式；18 世纪出现的艺伎，常被外人与普通妓女相混淆，实则不然。艺伎卖艺不卖身，具备一流的美学教养……

文化财富中，日本的版画技艺拥有千年历史，早在公元 8 世纪即名声在外；著名的浮世绘，对印象派和现代绘画的演变都产生了重要影响。日本的文坛也硕果累累：1968 年获得诺贝尔奖的川端康成，热情似火的三岛由纪夫，享誉国际的大江健三郎、村上春树……

在东京，温惠仁怡然自得。抵达后，他立刻前往参观位于银座的御木本大楼，这里是首都最著名的街区之一，被称为"日本的香榭丽舍"。

御木本幸吉，这位养殖珍珠界大名鼎鼎的珍珠大王，于 1954 年去世。他的宅邸周围遍布着豪华商铺、艺术画廊、知名餐厅、漂亮的咖啡馆，还有俱乐部和高端夜总会。

温惠仁向御木本集团展示了自己的第一批珍珠。

第二天，他邀请佐藤教授和生物学家宫内，在银座这栋大楼内的著名餐厅 l'Ecrin 共进午餐。由御木本总裁本间先生坐镇，采购分公司董事及其副手也一同出席。他们花了很长时间，一同评估这批"大溪地珍珠"出品的珍珠。

对于温惠仁来说，这是一个梦想，当然也是他作为珍珠养殖家生活的转折点。

但是，他必须为此付出必要的学费。

对方提供的报价是他预期的五分之一。是接受还是离开，该怎么办？他苦思冥想到第二天。这是一个可怕的夜晚。挫败，悲伤。他想就此放手。

温惠仁请求佐藤和宫内的意见。

"御木本的报价可能是低估了这些珍珠的价值，但您不得不接受它。这批珍珠里没有足够多的极品。您需要一个更丰厚的收成，让人们觉得只有你家才能出产最好的珍珠。这样，您一定会拿到更高的报价，一定可以做得更好。"老教授这样安慰他。

"您必须坚持下去啊，"宫内坚持说，"不要放弃同御木本的合作。他们已经对您表示了信任，所以，绝对不要错过这个机会啊！"

温惠仁听取了朋友们的建议。他接受了这个报价。他和御木本之间缔结了忠实伙伴关系，这才是重中之重。从这第一次的销售中，他收获了宝贵的经验：着眼最佳的品质才是他的核心目标，专心致志，只为生产出世界上最美丽的黑珍珠。

大展宏图

　　温惠仁与黑蝶贝的历险，最初只是源于弟弟路易提议的一个商机——后来弟弟与惠仁选择了不同的发展方向，他同妻子露露联手投资大型零售业和奢华酒店——而对温惠仁而言，珍珠养殖将列在他各项产业的首位，他将独自发展，并攀上这个行业的最高峰。

　　他常常爱说，自己与黑珍珠的相遇是他生命中的福气。他感到自己永远不会背叛对黑珍珠的热爱。他会尝试其他冒险，但黑珍珠始终是一切的中心。

　　日本之行归来，他全力以赴地开发和优化生产大溪地珍珠。

　　为了获得更好的产量——创造世界上最美丽的黑珍珠是其首要目标——必须改善养殖场的硬件，控制稚贝和珍珠母贝的品质，以及育种水的纯度和活度，引进最先进的技术，调动移植专家的高超能力和整个团队的积极性。此外，还必须配备监管系统，防范各类偷盗行为。温惠仁为此又投入了一大笔资金。

他还必须留意遴选出最美丽的珍珠母贝，同时对珍珠进行有效管理。他做到了。

成果初现，御木本那儿的买家变多了：格雷·布切尔（Golay Buchel）、田崎珍珠（Tasaki Shinju）、鹏清（Hosei）、东京珍珠（Tokyo Pearl）、长堀（Naghori）……珍珠的价格不断上涨。

当然，其中也有运气的成分。

甘比尔是座孤岛，轮渡排程间隔很久。托特奇吉岛礁上曾建有一个机场，但是波利尼西亚航空公司的飞机难得一见，而额外租用飞机的成本很高。温惠仁必须反复权衡，调整他对设备、员工、收获的运输需求……

"麦德莉·巴米（Madly Bamy）——雅克·布雷尔（Jacques Brel）的女伴。你认识她吗？"

早先，温惠仁对此有所耳闻。他本希望可以认识雅克——他既是歌手，也是演员，更是个诗人，巧舌如簧，总能恰到好处地让听他讲话的人开始浮想联翩——可实际情况却不允许。

那是 1978 年底的某一天，惠仁在波利尼西亚航空[①]老总的办公室，他说："我想给你个提议。"紧接着，老总就把他介绍给了那个年轻爱笑的瓜地洛普美人。

1975 年 11 月，雅克·布雷尔和妻子麦德莉的帆船在阿斯克伊靠岸，和高更一样，他们就此定居在马库塞斯位于希瓦欧阿岛的奥托纳。那时的温惠仁在甘比尔。

雅克因癌症于 1978 年 10 月在巴黎去世。人们把他埋葬在奥托纳墓地，可并没有紧挨着高更——那是他生前的夙愿——而是在他买下的坟墓位置的小巷稍下的地方。

生命中的最后 3 年，雅克·布雷尔令马库塞斯人对他俯首称臣。

他品格高尚，拒绝与卑鄙小人为伍，眼里只有他的朋友们。他隐居于世，厌恶世俗，他善待他人，慷慨大方。

在奥托纳，他经常为波利尼西亚航空或海军无法执行的救援疏散任务提供服务。他以志愿者的形式成了铁路送货人、配给员、供货商。他会驾驶自己的飞机前往大溪地购买岛上短缺的物品。他亲自驾驶飞机，一架比奇"双富源"。这架制造于 1956 年的飞机机型虽然有点旧，但依然

---

① 自 1970 年以来，原 RAI 岛际航空网（Interinsular Air Network）的新名号。

坚不可摧。雅克称它为"乔乔"。

"这架飞机正在出售，你可能会感兴趣。"麦德莉告诉他。

天降好运，新的机遇在向温惠仁眨眼。他心想，如此一来，运输问题就得到了解决。他为大溪地珍珠公司买下了"乔乔"。

飞机将多次往返于托特奇吉和法阿两地。飞行时长超过 4 个小时，恶劣天气如雷暴阵风，时常会打扰它的行程。在温惠仁与他雇佣的专业飞行员丹尼尔·莫塔（Daniel Motta）和皮埃尔·勒杜（Pierre Ledru）共同经历的无数次飞行中，他对某一场恶劣的风暴袭击记忆犹新。

那一次，可怜的"乔乔"在动荡不安的气流里好似一颗浮子。老一代的飞机并没有加压系统，必须在低海拔飞行，而低于 3 万多米的高度即无法逃脱在那里形成的最严重的风暴。飞机摇摆颠簸，剧烈抖动，几乎要被愤怒的狂风吹得散架，差一点就要撞上汹涌的海浪……

3 年后，为了应对飞行安全问题，同时也需要一架更宽敞的飞机为大溪地珍珠公司提供必要的交通运输，温惠仁不得不放弃了"乔乔"。他心中满是不舍，但当得知它会被修复养护，成为位于奥托纳的雅克·布雷尔博物馆的展品时，温惠仁略感欣慰。

他用一台比奇 C90 替代了它，更强大的飞行系统保证它不会在半空停止运转。

自从大溪地珍珠公司扩大珍珠养殖场以来，为了再次提高安全级别，温惠仁决定在卫生方面进行一次大改革。他意识到，曼加雷瓦的塔库养殖场正在被许多其他养殖场包围，"黑珍珠热潮"正在以当地潟湖为中心愈演愈烈，珍珠养殖场难以继续享受健康的环境。他敏锐的直觉让他担心起邻居们造成污染的风险，他们对生态平衡的忽视，会影响水的清洁度、珍珠母贝的品质和珍珠的成色。

如此恶劣的条件下，黑蝶贝可能会被疾病侵袭，并在潟湖中迅速蔓延，危及环礁所有养殖场的收成。根据他的计算，以同样的开发成本，他有可能拥有属于自己的个人基地和一座自己的环礁。除了避免潜在的传染之外，这还有助于防止珍珠母贝和材料被盗。事实上，这的确是一些不诚实的珍珠养殖户的普遍做法。这类无视道德的人，总在伺机攫取最新的技术、培育过程和机密，希望通过暗中窥伺，来刺探温惠仁公司的最新研究，他们剽窃他人的劳动成果，并未对养殖珍珠做出真正的贡献。温惠仁在曼加雷瓦有大量的工作需要完成，他不希望自己被窥探，更不希望被打扰。

1982 年，当温惠仁听说阿努阿努拉罗环礁正在转让时，立刻决定动身前往这座土阿莫土南部的环礁参观，这座环礁与努库特皮皮环礁距离群岛中心都很远，位于大溪地和曼加雷的中间。

这里非常棒，是南太平洋真正的天堂，拥有梦幻般色彩的潟湖和白沙滩。这里是绝佳的珍珠养殖地，本来的幼体导流已经做得很好。他可能会建一个中途停靠站和燃料补给站，为那些不被自治政府允许直接往来法阿和托特奇吉的飞机提供补给。就这样，温惠仁买下了阿努阿努拉罗岛。

与此同时，他的孩子们，布鲁诺、盖伊和米兰达正在帕皮提茁壮成长。

他们住在红峰的房子里，也经常来曼加雷瓦度假。虽然温惠仁大部分时间都很忙，他依然尽可能地照顾他们。

毕竟，他有太多社交与专业上的事务要处理。他和女伴蒂亚尔一起，在大房子里和孩子们相聚，给他们准备午餐、晚餐，还有派对。这些都是为了让孩子们开心，尽管这并不是他们最需要的。温惠仁意识到，自己并没有为他们提供愉悦的生活，尽管他给予了他们最好的物质条件，但这不足以弥补他作为父亲的缺席。孩子们更多的时候都是自己照顾自己，也会经常去提提奥洛的弗朗索瓦叔叔家中找堂兄弟。

一个家，一个更稳定、更平衡的生活，才是孩子们真正需要的。温惠仁不由得想起了他的妹妹莉塞特，现在是塞塔斯特太太，她和她的地质学家丈夫与两个孩子一起住在美国俄亥俄州的辛辛那提。她可以收留照顾他们吗？她可以。

　　把孩子送去美国的决定并不容易。对温惠仁来说是个痛苦的选择，但有这个必要。这不仅会为孩子们带来运用英语的机会，还有可能让他们接受优质的高等教育。他想为他们提供一切可能的机会，获得最好的未来。

　　令人欣慰的是，孩子们的学业成绩都很不错，并成功拿到了高中文凭，都符合继续念大学或高等学校的资格。他们是父亲的骄傲。其中，女儿米兰达的中学时代相对波折一些，她在教区中学和安妮-玛丽·雅武埃学院待了几年后，进入了高更高中学习。

　　很快，布鲁诺和盖伊来到辛辛那提，在泽维尔天主教大学商学院顺利就学。毕业后，他们将会加入温惠仁集团。米兰达也会在晚一些与两个哥哥会合，她在商科和艺术两条路之间犹豫不决。一开始，她两者都学，最后在商学院完成了学业，却意识到自己选错了路，她本该坚持去旧金山美术学院进修。但也无妨，她日后会在集团的工作中施展自己的艺术天分。

　　与此同时，20 世纪 70 年代末和 80 年代初的大溪地岛正在经受动荡的政局。

随着政客普瓦纳·欧帕（Pouvanaa a Oopa）的上台，他对"原住民"和"popaa"（西方人）截然不同的对待方式催生了民族主义情绪。随着法规的更新，各方之间产生了复杂的矛盾对立。大溪地向自治政治的演变逐渐变得势在必行，法国政府派一系列代表来到大溪地。

经历了自治派和反自治派之间的冲突、机构封锁、领土议会占领之后，新的管理自治法规于 1977 年应运而生……

温惠仁个人没有参与政治。他不会这么做，永远也不会。

当然，他的生意和经济状况与此紧密联系，他也有自己的关切和友谊。

比如，自访问澳大利亚之后成为其好友的弗朗西斯·桑福德，为了赢得自治管理法规而战，根据该章程，他成了理事会的第一任副主席。通过他，温惠仁结识了丹尼尔·德·纳法茨基（Daniel de Naftalski），高级军事训练官，虽然两人个性迥然不同，但一样热爱冒险，彼此成了朋友。坚强而忠诚的友情，让两人同甘共苦，直到丹尼尔去世。后来，温惠仁成为他最小儿子的教父，经常会在巴黎或瓦勒迪泽（Val d'Isère）看到他。

在波利尼西亚的 3 年间，丹尼尔是几名法国代表的参谋长。他任职期间，这些政府官员趁着 1977 年新法规的颁布，相继成为高级专员。

瓦勒里·吉斯卡尔·德斯坦（Valéry Giscard d'Estaing）时任法国总统。他因 1974 年乔治·蓬皮杜的逝世而当选，后者于 1969 年接替戴高乐，是法国共和国历史上一位伟大的总统，却因为疾病没能够完成他的 7 年任期。

1979 年，季斯卡访问了法属波利尼西亚，接待委员名单里就有弗朗西斯·桑福德，这是继高级专员之后该领土的第二号高级人物……

此时，在政治反对派中出现了一个新人。

彼时的鲁迪·班布里奇（Rudy Bambridge）已经将戴高乐党派的领导权移交给了 31 岁的加斯东·弗洛斯（Gaston Flosse），后者自 1958 年以来便一直是他的亲信。终于，他在 1977 年创立了自己的政党，并于 1984 年赢得了领土选举。

南马茹提——环礁

　　1982 年，温惠仁买下了阿努阿努拉罗环礁。然而，天有不测风云，就在那年年底直至 1983 年 4 月的整个南半球夏季，严重的飓风袭击了社会群岛和土阿莫土群岛，阿努阿努拉罗环礁也没能幸免于难。

　　这实在是倒霉，因为法属波利尼西亚鲜少发生飓风。直到 20 世纪初，飓风才开始显示威力，尤其对那些屡遭重创的环礁而言，飓风一直以来都是个冷酷的杀手。海拔较低的岛屿更脆弱，狂风暴雨无情地扫荡，飓风裹起的惊涛骇浪（有时高达 8 米）重重拍打在礁石上，直击潟湖，削平了环状珊瑚和那里的小岛。

　　1903 年，飓风席卷了马库塞斯（高更曾经描述过这场灾难，它把奥托纳夷为了平地），在土阿莫土造成超过 500 人死亡，而希库埃鲁环礁也有近 400 名遇难者。1906 年，飓风摧毁了半个帕皮提，并再一次蹂躏土阿莫土，有 120

名居民不幸遇难。

之后，南太平洋经历了长久的宁静。直至 1982 年 12 月，飓风卷土重来，几个月的时间里，名为丽莎、纳诺、欧拉玛、雷瓦、维纳和威廉的飓风，以密集的节奏先后猛击这片海岛。这是前所未有的飓风季，摧毁了大量珍珠养殖场。

温惠仁的第一批养殖场因此不复存在，但他并不气馁。面对成败，他泰然自若。如同之前的那场大楼大火，"从每一次失败中重振旗鼓"才是"最伟大的荣耀"，不是吗？

因祸得福，附近的另一个养殖场遭到毁坏，温惠仁找到机会买下它，并借机买下了整座岛。

南马茹提环礁紧挨甘比尔，位于土阿莫土群岛的西南侧；名字容易与位于该群岛中心的马茹提混淆。

南马茹提，拥有绝美的珊瑚环，算上潟湖表面积，占地 300 平方千米，是温惠仁梦寐以求的岛屿。南马茹提，是世界上最早诞生美丽的黑珍珠的环礁，让-克劳德·布鲁耶（Jean-Claude Brouillet）的养殖场正位于此，惨遭严重破坏。1984 年，温惠仁从他手里买下了这片养殖场。

对让-克劳德·布鲁耶而言，来到这里的初衷并不是为了珍珠。

当时，这个冒险家刚离开加蓬，他在那儿从一架小型直升机起家，逐渐建立起拥有 30 架喷气式飞机的著名航空公司，发家致富后决定将其出售。大溪地群岛令他神往，于是决定来此定居，他先后物色了当时正在出售中的茉莉亚和南马茹提。

坐在飞机舱内俯瞰窗外，他对眼前的这片岛屿一见倾心。于是，他迫不及待地前往日内瓦，以最快的速度和小岛的瑞士岛主直接商谈购买事宜，后者此前通过拍卖买下了这座岛。自从该岛前任拥有者——对岛上椰林进行重要开发的法国农业开发公司宣告破产后，便由法院组织出售事宜。

这座渺无人烟的珊瑚岛，在成片椰林的掩映下，散发出原始自然的独特光芒。这深深吸引了让-克劳德·布鲁耶。珊瑚形成的天然屏障，让船只无法进入。可它是如此美丽，让人无论如何都想要在此落脚。

借助捕鲸船冲上浪尖，越过礁石，抵达岸上。富有远见的他，还提议建造一条飞机着陆跑道，建造村庄，采摘椰肉。

他做到了。

随之而来的黑珍珠机遇，引发了他的兴趣。他成立了自己的"波利尼西亚珍珠公司"。雅克·布兰内莱克（Jacques Brannelec）是他的初创合伙人，他们是好朋友，过去，两人都是飞行员。和让-克劳德一样，他也被珊瑚环礁迷人的风景和珍珠吸引，并决定辞去此前在大溪地航空的工作，加入这场冒险。

然而，没过多久，昔日的好友就各奔东西。让-克劳德继续自己在南马茹提的生意，雅克则前往菲律宾的巴拉望岛，在那创立了 Jewelmer 公司，建起声誉良好的养殖场，钻研神奇的金珠生产。

在南马茹提，让-克劳德对小型飞机跑道和水塔进行了扩建，为地下水泵增加了太阳能收集系统，对古老的土方工程和建筑工程，包括珍珠养殖场和其他许多附件进行了改造。

他为当地建立起一个重要的基本生活基础，不仅为同他一起首批登岛的居民，也为管理者、技术人员和新员工提供了必要的住宿设施。他主张让每个人都住得舒适，在某些房屋内，还特别为日本移植专家配备了符合他们生活习惯的独立单间。这也让日本专家更好地融入这个小小社群中。

在南马茹提，一个合作社模式的社区运作得十分成功。

那里有医务室和电影放映室。人们的伙食很好。让-克劳德加快了种植园的建设，带来甘比尔用于粮食种植的泥土——各式各样的蔬菜，还有果树、柠檬树、柚子树、鳄梨树，甚至面包树都在这里茁壮生长。除了鱼和龙虾以外，猪和鸡的饲养也丰富了餐桌上肉的种类。生活基地和机场的草坪郁郁葱葱。

让-克劳德还修复了教堂——这里的大多数雇员都是天主教徒。这座迷人的圣约瑟夫（St Joseph）小教堂由维克多神父建造，他是法国农业公司辉煌时期岛上的牧师，往返于这些出产椰肉和珍珠母贝的环礁之间。

让-克劳德·布鲁耶取得了非凡的成就。

凭借个人丰富的经验，以及一位出众女性托蒂·卡尼尔（Totie Garnier）的全力支持——作为让-克劳德的助手，有时比他更具前瞻眼光——从加蓬的首次经商开始，他对自己的事业充满了信心。对于这场崭新的冒险，他投入了极大的热情，钻研与珍珠养殖相关的最新科学发现和最先进的技术，同时和著名的珍珠经销商纽约人萨尔瓦多·阿塞埃尔（Salvador Assaël）结盟。他们成了挚友，两人携手将黑珍珠之美的高度提升至国际水平。

他获得了可喜的收成，他的珍珠在大溪地市场一炮打响。在帕皮提的乌拉尼码头，他开设了一家珠宝店；紧接着，通过萨尔瓦多，波利尼西亚珍珠公司顺利打入了美国市场，在包括哈里·温斯顿（Harry Winston）、宝格丽（Bulgari）、卡地亚（Cartier）、蒂芙尼（Tiffany & Co.）等珠宝大品牌中占据一席之地……当时，温惠仁的重心还在日本市场，正在和御木本集团谈判。

波利尼西亚珍珠公司的未来本该是一片光明。可是，1982 年 12 月的两场飓风和次年 4 月飓风的再度袭击彻底洗劫了南马茹提。原本在这两次飓风之间，让-克劳德已经开始着手重建计划，他打算从零开始。他付出了巨大的代价，让一切恢复正轨。可是，命运再次和他开了玩笑，而这一次，他彻底被击垮。

毫无疑问，他将再度崛起，不过那将会是在其他领域。和温惠仁一样，他们都拥有坚不可摧的意志力。但是，飓风带来的致命打击过于惨痛，他终于决定卖掉这里。

于是，温惠仁在甚至没有去过这座环礁的情况下，买下了南马茹提。尽管这两个男人的身世背景、个人经历截然不同，却有着相似的脾气和行动力，他们都追求激情，渴望超越自我，渴望主导自己人生的方向，以便更好地认识、评估自我。他俩的女伴，温惠仁身边的蒂亚尔和让-克劳德的托卡伊（Tokai）也玩得很要好，这间接地让两人走得更近。

两人之间的这场交易如期完成。

"我用非常体面的方式把自己的养殖场卖给了温惠仁。这就是握个手的事情，都没有签任何文件。"让-克劳德说。

"在中国，任何谈判都是基于信任。最强大的合同，是一言九鼎的信誉和紧握的手。"温惠仁补充说。

金额几百万美元的协定就此缔结。

一买下养殖场，温惠仁便对一片狼藉的养殖场进行修缮。得益于让-克劳德睿智的管理和建造经验，温惠仁制定出了自己的方案。

然而，意想不到的是，不久之后，让-克劳德对于卖掉"他那座黑珍珠岛"耿耿于怀（这也是他写的书的书名）；他尝试把南马茹提岛收回。

温惠仁拒绝了这一提议。他有无可争辩的权利，毕竟双方仍旧签署了销售合同。

这件事在商界和政界少有人知，当时，加斯东·弗洛斯成为法属波利尼西亚的主席，一度力挺优先投资者布鲁耶，但终究是徒劳。温惠仁坚定不移，他是南马茹提岛毋庸置疑的拥有者。

在1984年，温惠仁也因此与一手遮天的加斯东（大溪地人以名字直呼主席和其他政客）势不两立。

两人互相认识。过去都是马马奥区的少年，年纪相仿

（温惠仁比加斯东小 3 岁），他们在工作中也算是邻居，一个和阿尔弗雷德·波鲁瓦共事，另一个和鲁迪·班布里奇一起。两人常常会在各种场合碰面，算是点头之交。

通过收购南马茹提岛，温惠仁正在迈向 10 年前开启的黑珍珠之路的顶峰。

而 1984 年的加斯东·弗洛斯势头一时无两。作为政党领袖，他成为 1981 年密特朗上台以来，法国共和国框架内实施内部自治后，这片领土的首位主席。

一上台，加斯东便立刻决定了国歌和旗帜，以宣示自主权；同时，为了追寻自己的身份，大力推行自 20 世纪70 年代开始的语言复兴运动（1972 年致力于推广大溪地语的 reo māʼohi 学院建立）。他还用 6 月 29 日，新法规的设立之日，作为自治领地的国庆日，以此取代 7 月 14 日的法国国庆日。

在反对主席的政党中，奥斯卡·特马鲁（Oscar Temaru）的政党正在崛起。

我们知道，温惠仁向来不问政治，这一次也不例外。尽管他的朋友弗朗西斯·桑福德现在和他持对立的政见，不过好在和他一样，主席弗洛斯强调优先发展珍珠养殖业，肯定其对法属波利尼西亚的经济提振作用，同时亦能减缓土阿莫土的某些环礁戏剧性的人口减少，为其重新带来活力。他也格外珍视大溪地的荣耀，包括黑珍珠带来的荣耀。

过去，他支持让-克劳德·布鲁耶，现在他转而支持表现出色的温惠仁。

温惠仁怀着满腔热情，对南马茹提进行开发。在静静等待产自这片珊瑚岛的珍珠的第一批采珠收获期间——这些珍珠将享誉全球——他决定趁此机会回到家乡，为了寻根。

回到清溪——南马茹提的黄金时代

    1985 年的这个夏天，中国南部广东省的清溪镇因温惠华和温惠仁兄弟的到来引发了不小的震动。他们从大溪地出发，途经香港，转道深圳并在那里租了一辆汽车，最终抵达清溪镇。

    村镇里有车通行仍是一件稀罕事，如果是陌生车辆更会让村民们惊讶。有汽车停下来更是一件大事。而那天，有一辆车停在了温家的大门口。

    不得不说，广东的部分地区已经发生了翻天覆地的变化，比如那些城市。经过工业化、全球化和现代化的洗礼，深圳继特大城市香港之后，从一个小渔村发展成为一座大都市，但其余地方似乎仍止步不前。

    惠华和惠仁迈入的这间屋子似乎还是温鸿公离开时候的样子，仿佛印证了这世上的某些地方，时间可以停止，祖先流传下来的技艺让坚固的墙体经受住了岁月的洗刷。

人群中突然一阵骚动：这两个从天而降的陌生人不就是温鸿公的儿子吗？！人们又惊又喜，有些人甚至流下了激动的眼泪……

温鸿公的双亲和他的第一任妻子早已离开人世。他们的女儿，成家后搬去了另一个村庄。不过，她的一个儿子住在这里，她也特意回到了这里与惠华和惠仁团圆。她现在 81 岁。惠华以前见过她，对惠仁而言则是第一次相见。面对这个比自己大 30 岁的同父异母的姐姐，惠仁难掩激动之情。她有两个孩子，其中一个是在守寡以后领养的。这让惠仁想起为了家庭牺牲自己的母亲丽梅。

来到父亲出生、成长的房间，惠仁愈发激动。他仔细观察房间里的一砖一瓦：泥地角落边的那张桌子，正是父亲练习毛笔字的地方，还有那个每天用来煮米汤的石炉。他爬上陡峭的木梯，来到小房间。温鸿公和自己的孩子们在大溪地拍的相片映入眼帘，那一刻，惠仁再也无法抑制内心的情感。原来，父亲和老家的家人一直保持着联系。

惠仁走进院子，发现了人们取水的井，还有一旁的茅厕。相较于消费社会的过度浪费，这里的破旧不仅让他感到落后，更为这里的贫困生出慨叹。

黄昏时分，温惠仁独自一人，在这间陋室里沉思良久。

他思考着世界的演变，反思自己的成功，以及现在的自己和父母天壤之别的生活条件。当然，"时势造英雄"，大溪地太平洋实验中心基地的建立所带来的经济腾飞和黑珍珠的大获成功令他如虎添翼。但更重要的是认真工作、努力不懈的奋斗精神。正是有了这样的精神，他才能够不被接连的失败击垮——三井不动产酒店项目的流产，东桥大楼的火灾，阿努阿努拉罗岛的飓风灾难。而他不灭的好奇心与热情也帮助他走得更远。他想起了孔夫子的那句话："学如不及，犹恐失之。"

每一天，他都努力做得更好。

但是在清溪，他感到苦恼。

他只是路过此地。他在这儿的逗留时间太短，他的所见所闻流于表面。他能做些什么？他一定还会回来，帮助这个家庭过上好日子。

他将会帮助自己的姐姐去大溪地与他会合，还会聘用他的侄子们来珍珠养殖场工作。当然，他也给他们带来了现金以解燃眉之急。他事先从银行取出了成捆的人民币。他低调地把钱塞到家人的手里，让人觉得暖心。

回到大溪地后，他直接飞去了南马茹提。

回家乡探亲的短短几天里，养殖场一切安好，移植的珍珠母贝时时受到监测，大家在等待最佳的时间，迎接珍珠大丰收。

温惠仁耐心等待着。

一种纯粹的幸福感油然而生。

他的珊瑚环礁岛就是一座活的宝藏。那圈珊瑚礁在不断生长，坐落于世界的尽头。这是无垠天地间的一顶由椰林覆盖的皇冠，闪耀着稀世光芒。这是一片令人惊叹的潟湖，怀抱着失落的岛屿，轻抚着环礁海岸的白色沙滩，在阳光下熠熠生辉。这里的海滩是如此生动，时刻抵挡着太平洋对礁石根基的冲击，猛烈的浪花重重拍打着板层岩石，在此留下一条条裂缝。

海蚀平台上的珊瑚滩岩清晰可辨，它们是古老的珊瑚礁遗骸，常年遭到大风的侵袭，风暴和飓风的到来更让它们摇摇欲坠，支离破碎。

还有一些小岛，那里的土堆和有机物有利于植被的生长，适合人们居住，它们也一直顽强抵抗着残酷的大自然。

黄昏时分，温惠仁独自一人，细细品味眼前的景色。

他倾听着这片属于自己的岛屿，潟湖的涓涓水流，太平洋的喧嚣，来自棕榈树林的信风。这些都是灵性的来源，与起源和永恒紧紧相连。

他感慨自己是如此的幸运，能够拥有这样一座宝藏。必须为此努力奋斗！从大约两年前买下这片岛屿的那一刻起，他就以最快的速度修复了飓风带来的破坏，恢复了这片环礁的魔力，重新修建基础设施，让珍珠养殖场再次运转。

一切都要从头来过。那是一项浩大的工程，必须全速完成。温惠仁自己、团队和原本为让-克劳德打工并留在养殖场的工人们，所有人都加入了进来。

首先必须清理大量被连根拔起的大树和破败不堪的建筑物，再重建一切，替换不可恢复的材料，百废待兴……扩建机场，增加住宿及设施规模，完善实验室功能，使椰树和种植业重获生机，增加产量，甚至（作为公共财产的）教堂也得到了翻修。

除此之外，温惠仁还耗费巨大代价，新建了一座码头：挖掘盆地，在礁石上爆破以打开通道，在确保安全的同时，布局船舶停靠的码头。自此，货船可以直接抵达南马茹提，为这里输送大型机械设备、机器、材料，还有卡车……

养殖场焕然一新，全面升级，针对收集来的珍珠母贝，对其移植和养殖进行全新的研究。

温惠仁认真研究，深入改进技术，探寻其中的门道和秘密……

他联系日本专家，请他们来到养殖场为移植团队进行培训。

对被选中的珍珠母贝进行移植操作，重新放回水中，再悬置于串珠模具上，静静等待。大家等待黑蝶贝在被引入其外套膜的珠核周围制造出珍珠母贝。大家等待珍珠的孕育，一场新生的奇迹。结果将会怎样？幸运女神再度降临：正是因为早先的几场飓风侵袭，反而为珍珠母贝的生长带来了益处。这场灾难留下的残骸涌入潟湖：碎礁石，连根拔起的树木，被毁的房屋……经过混合、沉淀，这里水质的成分变得异常丰富，以水为食的珍珠母贝因此获益。

珍珠文石层的品质得到优化，令其拥有了更多样的色泽与层次，带有蓝色、玫瑰粉和黄色的荧光灰……新诞生的珍珠带有彩虹般的独特光泽，我们很难定义这些颜色，它们介于黑、灰、深紫、青铜绿和午夜蓝之间……令人目眩神迷。

等待时间至少要两年。终于到了检验结果的时刻。

收成极好。

我们还应该记住以下几点。

南马茹提的珍珠品质极高，最大尺寸可达直径 18 毫米，部分珍珠拥有罕见的完美形状、纯正的光泽与极其丰富的色彩。

大溪地珍珠公司因此声名大噪。其珍珠出口至全球各地，甚至在收获以前就能拿下最著名的珍珠品牌的订单。

除了公司低调务实的市场宣传以外，名媛和女明星纷纷佩戴起以大溪地黑珍珠为原材料的首饰，人们通过媒体看到了这些美轮美奂的珠宝，这在不知不觉中就为大溪地珍珠公司做了最好的广告。

温惠仁为自己的成功感到自豪。他也深知让-克劳德·布鲁耶不仅在生产层面，亦在分销阶段给他提供了帮助：纽约最大的珍珠商人萨尔瓦多·阿萨埃尔，把此前和朋友让-克劳德之间的一些生意也介绍给了温惠仁。

温惠仁的珍珠被世界最著名的珠宝商争相购买，并得到了权威机构美国宝石学院（GIA）的认可。

老 板

随着温惠仁的大获成功，岛上的珍珠养殖场规模也成倍扩大。人们对黑珍珠的喜爱迅速转变为一股"黑珍珠热"：在土阿莫土的潟湖，甚至某些高岛，人们都竞相养殖珍珠。

这种盲目狂热的背后，是极大的风险。有许多波利尼西亚人抛弃了原先的工作，转向珍珠养殖——在什么都不懂的情况下——他们投资、效仿、养殖、移植珍珠母贝，迫不及待地想要获得收成，出售黑珍珠。

积极的一面是，一度几近荒废的岛上再次恢复了人气，间接放慢了人们纷纷出走、前往现代化帕皮提的节奏。不过，这也带来了珍珠产量过剩的风险。更糟的是，由此出产了一批品质低劣的珍珠。

胡乱开发、目光短浅，不惜一切代价只为尽快获得收益的养殖户们正在让黑珍珠贬值，面对这一风险的威胁，必须建立起行业标准。珍珠制造商，包括温惠仁的大溪地珍珠公司在内的大公司管理层，与那些通常是家族式的小型企业联手组成协会和"经济利益集团"（GIE），以捍卫各自的利益。

其中，大溪地珍珠经济利益集团是最活跃的。

各个集团中，温惠仁珍珠集团无疑是最强大的。出产高品质、甚至是最美丽的珍珠，通过永远力争收获最上乘品质的珍珠并引导他人也达成这一水准，他在这场混战中鹤立鸡群。

在南马茹提，人人都称他为"老板"。

他是这个国家最大的商人之一，他的黑珍珠拥有世界上最美的成色，他的岛上和养殖场的生活质量都远超其他同行。他深受大家爱戴。他是个善良仁慈的老板。

和让-克劳德·布鲁耶相比，温惠仁考虑得更长远。他从各项整治着手，不但重建了被飓风摧毁的设施，还对养殖场、生活区及周边环境，还有游乐场和菜园等都进行了扩建、功能升级和装饰工程。同时新建了一批房屋和配套设施。

周围的几座小型珊瑚岛礁也相继建起了养殖场和生活基础设施。大岛上的主养殖场与核心生活区周围，有机场、圣约瑟夫教堂、医务室。岛上既有迷人的小道，也有供卡车和拖拉机行驶的马路，这里椰林繁茂，露红烟紫，风景引人入胜。

岛上唯一的私家车属于温惠仁，而一般人们出行都靠步行或骑自行车。这里的船舶很多，往返于不同的养殖场和珍珠母贝培育点。除了小型捕鱼独木舟以外，还有更为实用的当地用于捕飞鱼的一种船、机动捕鲸船和大型独木舟。

岛上的房屋都是矮平房，用木头和珊瑚——由碎珊瑚制成的石板、砖头打造，既有为夫妇或情侣设计的独立单元，也有为单身人士设置的集体套间，均配备有舒适齐全的生活设施。

在最大的社区，居民可达 200 人。温惠仁为这个生活基地特别预留了一个公共空间（不设障碍或门禁），尽头是一条"断头路"，开端则是礁石的裂口（这座珊瑚岛礁上并没有天然的通道）。在那里，他开凿出一片池塘，水面上漂浮着朵朵莲花（他不喜欢睡莲）；他建造起用木头和珊瑚打造的坚固房屋，恢宏大气，现代舒适，低调奢华：这里有宽敞的会客厅、阔气的餐厅，也有为家庭和宾客准备的休憩空间。他自己的房子建在珊瑚岛礁的一处狭长地带，位于潟湖和海洋之间，那里是他的隐居之所，可以满足他独处的需要，他喜欢在那里的日出或日落时分一个人静静沉思。

南马茹提岛的生活井井有条，舒适宜人。温惠仁身为老板，认识每一个雇员并关注他们的生活福利。

和员工们一样，他身穿 T 恤和短裤，脚踩人字拖或是网球鞋，头戴一顶棒球帽，参与他们的生活和工作。

有些早晨，天刚蒙蒙亮，他便坐船前往周边岛礁的养殖场和幼贝收集点，或是去察看那些在水面上用长绳串联起的移植珍珠母贝木筏，抑或是和沿途遇见的监督船只上的人们聊上几句。

他亲自掌控监督珍珠养殖的第一手情况，也随时了解工人们的劳作和生活。

人员背景的混杂，岛上与世隔绝的生活，社群中面临的这些问题，有时需要花费很大力气来排除或避免。

无论是检查串珠，去除有缺陷的珍珠母贝，或是对其进行清洁、擦洗，抑或是收获期采集时，只要遇上狂风恶浪的天气，工人们在木筏上的劳作就十分艰险。即便这样，这里的气氛依然轻松愉快。工人们哼唱着歌，为了站直身体紧紧攥住彼此，他们开怀地笑，因忙碌的劳作感到踏实的快乐。

收成后，老板会为工人们举办一个大型派对。通常，在派对中，他会邀请其中的一些人和他同桌进餐。那是一个带转盘的巨大圆桌，摆满了丰盛的美味佳肴，大部分都是南马茹提岛上种植、饲养或捕捞到的各类新鲜食材——各种各样的鱼、龙虾、鸡肉和蛋、蔬菜，包括椰子在内的各类水果……也有一部分从大溪地空运或经过码头海运来的食物。

在不断壮大的员工团队里，出现了一些本不该被招募的人，成了导致混乱的不稳定因素。有些人假借不公正为名，宣称本地雇工和外国雇工（主要指日本人和中国人）有差别待遇，发起了罢工。

温惠仁得知这一消息时，人在帕皮提。他立刻动身，以主人的身份平息了这场风波。但过程并不容易，甚至有一支步枪架在他的面前，那是一种水下钓鱼步枪，上了膛，会造成十分危险的后果。但面对威胁的他，处变不惊，一脸威严。次日早晨，他宣布将和抗议者中的发起者一同前往大溪地，将这一事件交由劳动监察员处置。

在后者的办公室里，工会成员被召集到一起，人们开始各抒己见。这时，发生了戏剧性的转折：温惠仁取出了遣散支票和赔偿金给同处一室的罢工者们，留在岛礁上的那些人也会拿到这笔钱。

"可是，你不能就这样辞退他们，你没有这个权利。"监察员说。

"不，我有权利。他们想要杀了我。"

步枪造成的人身威胁不容否认。温惠仁打赢了这场仗。

另外，珍珠的失窃情况也愈演愈烈。只是这样的做法并不聪明。只要温惠仁在大溪地的市场周围打听一下，便能轻而易举地找出供货的源头，小偷也因此昭然若揭。

"好的，老板。我们错了，我们太丢人了。我们绝不会再犯了。"被当场抓住的小偷们，可怜又可爱。

"老板最好！"

老板原谅了他们，和他们一起回到南马茹提，之后，他们会在那里勤恳本分地工作。

类似的管理问题时有发生，但都不算太严重，养殖场总体运营良好，可以说是越来越好。但温惠仁并不满足于现状，他总是有更长远的打算。他意识到了"黑珍珠热"带来的风险，决定重新布局自己的投资方向，在巩固既有投资领域的同时，拓展更多的业务。

1987年，他投身到了珍珠以外，但实则与之依然紧密关联的行业——航空运输。就他个人而言，雅克·布雷尔的"乔乔"是他的首架私人飞机，此后他又买下了好几架飞机，往返于法阿和马茹提两地。现在，他计划面向付费乘客，开放公众航线，将目的地从自己的岛礁延伸至其他私人岛屿。

于是，温氏航空公司（Wan Air）应运而生，一批 Dornier 328 型飞机，为社会群岛、胡阿希内、赖阿特亚和波拉波拉岛之间提供定期航班，同时为土阿莫土、马库塞斯和南方群岛设置包机服务。

温氏航空公司利用了飞行俱乐部所在的大溪地-法阿机场西部区域，拥有独立于岛际和国际机场的独立跑道和办公室。当然，是温惠仁一贯的低调奢华风。

在空港区域的监控下，人们经过环岛匝道之后，转入一条空旷漂亮的道路，在连接国际机场和大型洲际酒店群的相连地带的第一座岛屿上，映入眼帘的是建于 1969 年的玛艾瓦海滩和最负盛名的康波海滩。

温氏航空公司的航站楼便伫立在那，那是一座私人场所，设有接机大厅和候机大厅，舒适豪华。毫无疑问，珍珠是这里的主角，它们被陈列在橱窗里，装点于墙上的挂画中……

风起云涌

1987年，温氏航空公司创立的元年，同期发生的一系列事件，对温惠仁影响深远。

那年9月发生的"法艾特惨案"（La drame de Faaite），揭示了波利尼西亚环礁的另类生活，占据了新闻报道的头条。这起令人错愕的悲剧在世界各地引发了强烈反响。

这是一场因无知、天真与盲从引发的宗教狂热悲剧。集体主义的歇斯底里，人性的残忍野蛮。这是属于1987年的中世纪恐怖事件！

1987年，马马奥土地上新建了一座中国寺庙，让这里的华人社区复兴了自己的传统习俗与文化。

这栋已有百年历史，温鸿公抵达大溪地时就已在岛上的建筑，用彩漆木材打造。1981年的一场大火几近将其烧毁，此后便长年处于荒废状态。信义堂发起了重建修复的筹款活动，才让它重新焕发光彩。温惠仁也贡献了一己之力。

这座崭新的庙宇，是一座气势宏伟的坚固建筑，宝塔双层屋顶，产自中国台湾的红瓷瓦片和碧绿墙面相得益彰。以金色作为点睛之笔，明亮的白栏杆环绕周围，还有两尊由当时中国政府赠送的石狮镇守庙门。

这依然是一座关帝庙，除了供奉关帝以外，庙里还有观音菩萨、财神和大溪地的华人祖先——沈秀公。正是前文提及过的那位在1869年被送上阿蒂马诺断头台的华侨苦力，当代英雄。当时的苦力们为了争取劳工权利发起抗议活动，期间演变为一次恶性斗殴事件。

关帝庙的内部同样叫人印象深刻，摆满了各式各样祭祀神灵和英雄的祭坛，摆放有祭品、鲜花和水果的桌子，用来卜卦的纸签，卷轴、牌位，还有墙上挂着的画：孙中山的画像——早先温鸿公送给国民党的那幅不再展示——他的儿子温惠仁买下了它。

1987年的第三件大事和宗教无关。

码头工人罢工，起因很典型，要求获得更好的工作条件。但罢工很快演变为一场暴动——打砸放火，抢劫商店。整个港口、整座城市陷入混乱之中。帕皮提瘫痪了。

那时正值法属波利尼西亚的黄金时代——加斯东·弗

洛斯于 1986 年被任命为总理希拉克内阁的国务秘书。随着经济、人口的增长，生活水平的提高，社会各阶层的矛盾也愈发凸显，各政党之间爆发的冲突达到顶点，令人担忧。

社会的动荡将暂时平息一阵，但很快又会卷土重来。

刚创立 Wan Air 航空公司的温惠仁继续着自己的珍珠之路，并将珍珠养殖场拓展到土阿莫土-甘比尔群岛以外的大波利尼西亚区域。

时任南太平洋国务秘书的加斯东·弗洛斯，正试图重振因核试验——新喀里多尼亚的"彩虹勇士"事件——遭到损害的法国形象，珍珠养殖从中受益。加斯东与包括新西兰在内的部分国家缔结了经贸与文化关系，其中包括向波利尼西亚三角洲部分岛屿的珍珠养殖开发提供经济资助。

大溪地珍珠公司从这些新缔结的经贸关系中得益，但仅此而已。温惠仁本人并没有接受来自政府的任何补助金，也永远不会接受。

1987 年，温惠仁和他的飞行员、工程师和潜水员团队，搭乘自己的温氏航空的飞机，前往拉罗汤加，库克群岛的主岛。

他受到了托马斯·戴维斯（Thomas Davis）的热烈欢迎，自从后者参观完温惠仁在甘比尔的养殖场，两人便一见如故。温惠仁身上波利尼西亚人的一面与托马斯拉罗汤加人的本地气质一拍即合。

飞机载着托马斯·戴维斯和他们的合作者，一同来到了彭林岛。和波拉波拉岛一样，这里的飞机跑道由美国大兵建造，养护得当。整座岛也保留了原始的样貌。

大家在这里勘探，发现贝类动物比比皆是，其中有和土阿莫土类似的珍珠牡蛎，只是体型更小，颜色更浅。可第二天，当他们希望和当地潜水员一同继续探索时，这里的水域都被封锁了，因为那天是周日。除了礼拜弥撒之外，岛上禁止任何活动，甚至不能前往潟湖。

这时，托马斯·戴维斯提出一个想法，让大家拍手叫好："温惠仁，来，不如我们也去参加弥撒吧。"

整个团队来到教堂，显得虔诚而慷慨。很快，他们再次投入工作。

然而，必不可少的谈判阶段成了一场拉锯战。授权投资、生产的申请迟迟没有收到回音。这时，温惠仁意识到，来到库克群岛布局养殖场的计划有点过于草率了。最稳妥的做法，还是继续扩大法属波利尼西亚既有的珍珠养殖场。

自从被巴黎提名为国务秘书之后，加斯东·弗洛斯分身乏术，决定把自己的主席一职移交给他的"精神继承者"亚历山大·莱昂蒂耶夫（Alexandre Leontieff）。

1988年，总理希拉克在内阁遭到排挤，加斯东也不得不从自己的国务秘书职位卸任，他本以为可以毫无阻碍地重回法属波利尼西亚的主席之位。现实当然不是如此！亚历山大·莱昂蒂耶夫依然稳坐这个位置……

　　亚历山大·莱昂蒂耶夫在任期间，有一个事件可谓众所周知：法国和法属波利尼西亚共同庆祝了帕皮提市成立100周年，时任法国总统密特朗和他的随行人员，一同前来参加这次纪念活动。

　　帕皮提新市政厅的落成典礼十分成功。旧址上重新屹立起一座宏伟华美的建筑，旧市政厅是一座20世纪初的长条造型、木质结构的建筑。如今的市政厅，以其为范本扩大了3倍，运用现代材料，还原了女王宅邸和塔拉奥伊广场的风格，后者因欠缺美感与吸引力，在扩建领土议会时遭到拆除。建筑本身很受人喜欢，参观者们饶有兴致。

　　温惠仁没能亲眼见证那次盛况，他正全身心地处理着自家珍珠养殖场的扩建事宜。除了曼加雷瓦岛基地和位于阿努阿努拉罗与南马茹提环礁的两个养殖场以外，大溪地珍珠公司先后增设了5个新址和1座新珊瑚岛礁。

　　1988年，公司在甘比尔群岛的奥凯纳购买了土地；1990年，公司买下了土阿莫土群岛的卡蒂乌环礁；1994年，在这片群岛的北部，公司买下了法卡拉瓦和拉拉卡环礁；1995 年，嫩奥嫩奥成为温惠仁拥有的第三座环礁，地处中北部的土阿莫土群岛低岛群。

这些新基地的大规模建设工程也在马不停蹄地进行中。养殖场和基础设施，住房和集体公寓，还有机场……温惠仁的地产正在成为一个帝国。

他出产的珍珠成为当地经济的王牌之一，并且在接下来的几年里，即便遭遇恶化的政治环境，仍保持着良好势头。

那段时期，各个政党争奇斗艳，冲突也一触即发。

1991 年，加斯东赢得选举，重新坐回主席的宝座。那是密特朗执政下的暧昧期。帕皮提麻烦不断，1992 年，在新一轮罢工潮下，领土议会的抗议占领接连上演。

1995 年，希拉克赢得了总统大选。在其支持下，加斯东因其富有活力的理念和积极大胆的决策，在他统治下的法属波利尼西亚一片繁荣。但迅猛发展的副作用是，出现了越来越多的边缘群体，犯罪活动也正在加快滋生……

以这位超级主席为核心组建起了法院。反对派的声音被削弱。内部自治的地位，使他可以在不受过多控制、肆意腐败的情况下继续治理这片土地。

不过，尽管受到这些负面因素的影响，商业却得到了长足的发展。不知疲倦且怀有无限抱负的加斯东，总是优先考虑企业主。身兼主席和旅游部长的他，坚持维护法属波利尼西亚的荣誉，和他本人极其欣赏的黑珍珠的荣誉。

温惠仁的事业风生水起，珍珠生产蓬勃发展，他将大溪地珍珠公司转变为与珍珠有关的交流展示和流通平台。他策划组织时装秀、大型会议、研讨会，开设珠宝店，建造博物馆……他成了珍珠帝国的皇帝。

黑珍珠之王

1993 年的一档电视节目里，大溪地杂志《海蓝宝石》的记者宝拉·阿诺（Paola Arnaud）把温惠仁称为"黑珍珠之王"。

一开始，温惠仁婉拒了这个头衔，他觉得自己担当不起。他面带笑意，有点惊讶又有点自嘲……他才不是什么"大王"，他只是一个穿着短裤、脚踩拖鞋，在自己岛上接受纪录片拍摄的企业家而已。

但所有媒体还是习惯赋予他这个称号。有关他的文章和影片比比皆是，其中一些出自名记者之笔，由大牌摄影师掌镜。闪闪发光的土阿莫土群岛令人向往。南马茹提宛如天堂，而温惠仁是个传奇人物，他那些美轮美奂的珍珠，由最漂亮的模特、时尚的电影明星和上流社会名媛代言。伯纳黛特·希拉克（Bernadette Chirac）——当时的巴黎市长、日后成为法国总统的希拉克的夫人，便对大溪地珍珠爱不释手，常常佩戴一串黑珍珠项链，那与众不同的迷人光芒，成为各大媒体照片上抢镜的焦点。

温惠仁对名利淡然处之，他不在乎外界的评价。尽管如此，他还是得到了极大的自我满足。这个谦逊的客家人被推上了国际舞台。站在人生之巅，突如其来的这一切叫人目眩神迷……他感到自豪，更多的是为父亲而不是为自己。受益于温鸿公的精神和教育，他才可能取得现在的成功。

显然，他对这样的功成名就感到高兴，即便被卷入这场上流社会的旋风，他仍宠辱不惊。在人们眼里，他是和喷气式飞机、社会名流、世界名人录出现在一起的人物，是狗仔队窥视的目标。出入高级豪宅、星级酒店，他享受着富裕奢侈的生活，那里有冒着泡泡的香槟（他不喝酒，他只会和别人碰个杯，保持一如既往的节制），他的身边美女如云。

他有点陶醉，但依然清醒，他只会享受这种镀金生活的微小剂量。孔子是他信仰的人生大师，他并不为伊壁鸠鲁式的享乐生活所撼动，更不会受到那些追逐名利和感官刺激的享乐至上的新派思潮影响。成功并没有让他飘飘然，他没有被这一切冲昏头脑。

在功成名就带来的所有欢乐和奢侈的片刻外，他更喜欢穿着短裤和旧 T 恤，在自己的岛上散步。他喜欢一个人待着。"不要太孤僻，也不要太多关系，不多不少，正正好好，这是大智慧。"这也正是儒家的处世之道。

他加入了这场游戏。

在波利尼西亚，他有相当大的影响力。他参与这个地区的经济，他的公司是中流砥柱。珍珠养殖成为一个产业，一个主导的商业要素，岛上的养殖场及其出产的绝美珠宝使这里成为一个重要的旅游景点。

1995 年，大溪地珍珠公司在大溪地和茉莉亚岛最负盛名的喜来登酒店、康波海滩洲际酒店的大堂和展厅里，开设了第一批精品店。

在帕皮提的圣女贞德街上，不仅有一座俯瞰大海的大教堂，还有大溪地珍珠公司精品店及其珍珠博物馆。

后来，它们一并迁往位于乌拉尼码头的大溪地珍珠中心（Tahiti Perles Center）——建于温惠仁从让-克劳德·布鲁耶手里买下并得到扩建的空间周围。珍珠博物馆的落成典礼相当隆重，大溪地的所有人都前来捧场。博物馆免费对外开放，每个参观者都看得津津有味。随后的几天里，大批观众和游客纷至沓来。

这家珍珠博物馆的建立经过了深思熟虑。有关珍珠的图像、绘画、物件、模型、蜡像、投影、动画、影片和模拟展示，共同讲述着珍珠的历史，它的起源和发展。陈列形式寓教于乐。参观者可以看，可以读，可以学习，也可以动手实践，人们在这里想象、造梦……

遵循时间线，首先是关于天然珍珠的介绍。

自旧石器时代开始，人类已有了形状奇特的骨珠。随后是宝石和隐藏在淡水或海洋牡蛎中的珍珠宝藏，拥有着魔幻的色彩与光泽。

白珍珠可以追溯到最古老的文明，当时的人们已经开始佩戴由其制成的耳环、项链、手镯、王冠或其他饰物，还会在贵重的书籍、神龛和匣盒上镶嵌珍珠。

博物馆里有哥伦布的等身蜡像，手里提着从委内瑞拉附近的玛格丽塔岛（Margarita）收集来的一大袋珍珠；中国的慈禧太后全身都装点着珍珠；马可·波罗笔下的印度马拉巴尔国王和他那串 104 颗珍珠串起的项链，还有女王伊丽莎白一世……除了这些历史名人之外，这里还展示了一位在波利尼西亚潟湖里的珍珠母贝潜水员蜡像。

人们收获的黑珍珠，尤其是土阿莫土出产的那些，正是由这些出色的潜水员屏气潜水，从采集的百万颗珍珠母贝中精挑细选得来。这些珍珠和羽毛、植物状编织饰带一起，被运用到女士帽、胸饰和其他波利尼西亚饰物上。

《珍珠偶像》（L'idole à la perle）(1892 年，奥赛美术

馆）的复制品映入眼帘，原作由高更在马泰亚用一块木板雕刻而成，其中也嵌入了一小枚精美的黑珍珠。

在这里，我们可以看到许多罕见的事物，充满神秘感。比如，一个身穿奇装异服的假人模特叫人印象深刻，它身上的衣服由一种名为"tapa"的树皮材料、编织纤维、羽毛和珍珠母贝共同制成，有的是一整片，有的分上下装。这借鉴了传统葬礼祭司的服装形式，是一种复刻。服装原始的样子极其独特，只在鲜少的博物馆里有过展出。而这个复刻版本也很特别，由希罗·欧文（Hiro Ouwen）亲手制作，他是考古文物的修复师、珠宝设计师。过去的葬礼上祭司穿戴着类似的羽毛头饰、面具和珍珠胸甲，在人群中来回走动，皮带上挂着的珍珠响板猛烈摇晃，播种下恐惧，他向途中遇到的任何人——有时也向着逝者——敲打长长的手杖。祭司身边是他年轻的同修，他们的棒打更为激烈。这是毛利祭拜文化中的某种低阶祭祀仪式之一，围绕某个首长或大神甫进行，通过他的族人、子民为这位已故的大人物赎清罪孽。

接着，我们进入了养殖珍珠的时代。

通过对培育、繁殖和化学知识的学习，人们想象这是一场炼金术。

博物馆里，陈设了一座珍珠养殖场模型，幼体、移植工作台、手术台，一间不受外界干扰的密室，科学家们正在其中进行精密的移植操作。还有各类手术工具，斜置在一枚壳体打开的黑蝶贝外套膜上，它将被插入来自密西西比河的淡水贝壳珠核。

随后是移植珍珠母贝养成的不同阶段。黑蝶贝们被系在麻绳上，缓缓地放回水中，它将慢慢地制造出珍珠，引人浮想联翩。在至少两年时间内，母贝分泌出的层层珍珠母贝液，不断围绕着被另一颗珍珠母贝外套膜的一小端包裹住的核。这颗珍珠母贝供体，为珍珠母贝受体牺牲了自己……

人们见证了收获的喜悦，打开珍珠母贝的壳，这是见证奇迹的时刻，发现珍珠诞生的时刻……人们再将这颗珍珠的生命投射在一个女人或一个男人身上，投射在艺术品上。

每一颗珍珠的形状、色泽都极尽完美，令人如痴如醉。

在这里，还能见到 1986 年访问教皇让·保罗（Jean Paul）二世期间，由温惠仁——不是以自己的名义，而是以波利尼西亚人民的名义——赠予教皇的珍珠念珠复制品。

里基特大教堂（位于里基泰阿的 St Michel 教堂）的祭坛上镶嵌着珍珠母贝和珍珠。

大溪地珍珠公司出品了一颗直径达 26 毫米的世界上最大的圆形大溪地珍珠，人们将它命名为"La Robert Wan"，以此表达对温惠仁的敬意，温惠仁也因此而倍感自豪。

我们还了解到，珍珠的生产以巨大的损失为代价。统计数据显示，10%的珍珠母贝不能抵御移植物的冲击，10%在前几个月内就会死亡，30%排斥珠核。剩余的50%中，有20%生产的是品质差的珍珠，无法上市（这只是就原则而言，因为会有骗子以高价转卖它们），最后仅剩30%的母贝生产的珍珠可供销售，但品质参差不齐。其中会诞生1～2颗品相完美的珍珠。绝对的完美，是稀世珍宝！这绝不是个简单的事业！

温惠仁珍珠博物馆内的精品店里，展示着使用其珍珠制作的各大珠宝品牌的首饰，也有在其工作室内组装的珍珠母贝雕刻品。无论是一件珠宝饰品还是一颗珍珠，都足以叫人一见倾心。它们都具有卓越的品质——罗伯特·温（ROBERT WAN）品牌的珍珠只有上乘品，不管是简单配饰镶嵌的珠宝饰品，还是华美的串珠项链，或是珍珠裸珠，都是独一无二的，带着丰富的光泽层次，要价不菲。

珍珠博物馆和商店为这片地区聚集了人气。旅游局、旅行社和导游纷纷将这一站安排在他们的行程中。游客在这里驻足观赏，当然，不仅是游客，任何到访或前来出差的人们无一例外地臣服于大溪地黑珍珠的魅力。

在巴黎，人们向这个来自大溪地岛的法国人的成功致敬，他出品的极高品质的珠宝，是世界上最美丽的黑珍珠；他创作的饰品是真正的艺术品；他的珍珠总是出现在最高档的珠宝品牌系列中。在多个活动或场合中，媒体不断滚动宣传有关"黑珍珠之王"的纪录片。温惠仁赢得了国际范围的影响力。

珍珠之路，行遍天下

"您为什么不去中东发展？"

1994年，有人在波拉波拉岛这样问温惠仁，此人正是卡塔尔酋长的妻子。这个提议出自一位自8世纪以来统治着卡塔尔酋长国的阿勒萨尼（Al Thani）家族成员，让人感觉充满了希望。

1994年，卡塔尔由埃米尔（国家元首）哈利法·本·哈马德·阿勒萨尼（Khalifa bin Hamad al Thani）领导。他的妻子是一位出众的女子，富有胆识、落落大方，亲自参与国家的教育、文化、科技和经济发展。

尽管卡塔尔社会根植于阿拉伯伊斯兰传统文化，但同时拥有相当国际化的生活方式。自古代开始，卡塔尔半岛的波斯湾就已出产世界上最上等美丽的珍珠，直到20世纪初，当现象级的资源——石油——被勘探发现之后，珍珠在此彻底没落。紧随其后，便是日本养殖珍珠的时代。

为大溪地群岛及其珍珠的魅力折服的埃米尔夫人，希望大溪地珍珠公司可以入驻酋长国，借此尝试重振当地的珍珠研究与珍珠贸易。她答应会助温惠仁一臂之力。

　　复兴中东地区对珍珠的兴趣，温惠仁对此没有异议。于是他摩拳擦掌，准备起航！不少阿拉伯酋长国都富有生机，那里拥有极其宏伟、超现代的建筑，与石油相关的大量资金在此流通。

　　温惠仁在卡塔尔的业务发展，首先得益于与酋长妻子的合作。经她的牵线，在首都多哈，他又结识了强大的经销商，亦是具有影响力的珠宝商艾尔法丹（Alfardan）。作为礼尚往来，他向酋长分享了自己在养殖珍珠方面的知识和经验，以及自己在这一事业上投入的毅力与热情。

　　此后，在年轻有为的奥德蕾·切尔科夫（Audrey Tcherkoff）的带领下，组建起一支充满活力的团队，逐渐在卡塔尔的宫殿、酒店中开设精品店，并组织私人销售，业务不再局限于卡塔尔，还拓展至其他酋长国。

　　随着温惠仁正式开展中东业务，权威机构美国宝石学会于1997年在加利福尼亚的卡尔斯巴德校区（Carlsbad）开设了名为"Robert Wan Education Wing"的宝石学分院，借此向这位大溪地珍珠养殖的先驱，及其对包括杜河雷

（Tournaire）、杜邦（Dupont）、哈里·温斯顿（Harry Winston)、蒂芙尼（Tiffany）、尚美巴黎（Chaumet）、宝诗龙（Boucheron）、香奈儿（Chanel）、让-保罗·高缇耶（Jean-Paul Gautier）、杜兰朵（Torrente）、御木本（Mikimoto）、周大福（Chow Tai Fook）等各大珠宝商和服装设计品牌在内产生的重要影响表达敬意。

1997年夏天，这位不知疲倦的企业家面对令他心动的泰国白珍珠，再次蠢蠢欲动。如果将他的黑珍珠和白珍珠相结合，想必会产生绝妙的效果。

于是，他动身前往这个位于东南亚的国家——曾是迷人的暹罗王国——泰国。这里不像边境邻国柬埔寨、老挝、缅甸和马来西亚那样，它从未经历殖民化。在君主立宪制框架内，泰国仍然保留了国王，这有助于温惠仁入驻计划的实施。

温惠仁带来了重要的金融投资和专业知识，以证明他在国际上的成功，因此更容易获得当地的授权。

他能够打造全新的养殖场，规模庞大。他和团队一起没日没夜地工作，简直疯狂。

他将自己的技术应用于和黑蝶贝不同的牡蛎养殖，这里的水质也不同于波利尼西亚的潟湖。在黑蝶贝上进行的移植没有遇到任何麻烦，但在安达曼海的暹罗湾培育时却困难重重，问题在于当地的季风气候。

"为什么之前没有想到呢？"眼看着大批牡蛎死亡，温惠仁不禁暗自思忖。

几个月的风吹雨打，水里满是污泥，逐渐让这些贝类动物窒息。这简直是一场大屠杀，一场金融灾难，温惠仁不得不半途而废。

这是对资源和金钱的巨大浪费。但一如往常，温惠仁没有泄气，他依旧乐观睿智："我们不可能总是成功！"

之后的他，专注于珍珠的生产、分销和推广。

除了通过自己的公司独立操作这些环节之外，他也会仰仗行业集体的力量。他组织了一系列拍卖会，大溪地珍珠经济利益集团也参与其中。拍卖会获得了良好的反响，参拍者大部分是来自日本和中国的批发商。

但大溪地毕竟不是一个国际化的地点，也非交易中心，它远离世界中心的地理位置成为发展的障碍。当然，有一些航空公司可以提供旅行线路，但旅费昂贵。此时，温惠仁萌生了一个新的点子，让他能有机会接触到新的客户。

1998 年，他在全球商业中心、世界信息中心——香港——举办了首场拍卖会。

成为中华人民共和国特别行政区的香港，仍然是亚洲及世界最重要的金融和股票市场之一。许多重要的国际贸易展定期在此举办，其中也包括珠宝展。

　　香港的第一届珠宝展，由一名意大利生产商尼克·帕斯帕利（Nick Paspaley）组织举办，这也是南太平洋珍珠首次在世界范围内销售。那次展会成为一个典范和起点，很快，在香港贸易发展局旗下成立了理事会：珠宝顾问委员会，主席是梁适华（Leung Sik Wah）。

　　在梁适华的帮助和扶持下，温惠仁参与了每年在香港会议展览中心举行的国际南太平洋珍珠博览会。

　　博览会占据了会展中心的一整层。在展厅灯光的照射下，珍珠的光泽得到凸显，其成色、光泽和色彩都得到充分展示。人们在这里寻找提供最佳呈现效果的自然光——如同博物馆里的画作，同时必须避免阳光的直射。南太平洋珍珠的主要生产商在这里展示、交易。

　　在这些特别的展厅和对比强烈的氛围中，温惠仁经过精心遴选带来的珍珠一登场，即获得了大家的瞩目。人们屏息凝神欣赏眼前的这些珍珠，经过长时间的评估，透过放大镜反复观察，在拍卖会上各自暗暗寻找着目标，用笔写下心理价位或是小声地交头接耳……

　　这些珍珠以其丰富的多样性和优异的品质让买家目不转睛。大溪地珍珠公司的名气越来越响，越来越多的人开始认识来自大溪地的黑珍珠。

因此，温惠仁成功跻身"珍珠界"，也进入了珍珠的分销市场，香港在其中扮演着流通枢纽的角色。他保留自己在日本的代理权，其中，神户的珍珠中心在分拣和匹配操作后保留对珍珠批次的估价。温惠仁将走得更远，一如往常。

21世纪初期，他推出了自有珠宝品牌罗伯特·温大溪地（ROBERT WAN TAHITI），在确保产品品质的同时，美感、纯净度也是重要考量。他为自己的珠宝、手表和配饰系列设计品牌形象，以非凡的原材料，加以独创的设计和创作。

通过国际分销网络，许多国家都与他签署了协议。世界各地的市场推广和营销正在加速进行，罗伯特·温大溪地的网点遍布欧洲、亚洲和美国各地。

与卡塔尔的精品店一样，罗伯特·温大溪地精品店于2007年在阿布扎比开业，阿布扎比是同名酋长国的首府——阿拉伯联合酋长国最大的酋长国，也是这7个阿拉伯联合酋长国的首府、联邦政府的所在地。这座城市以现代化与奢华的生活方式闻名于世，同时拥有丰富的、辉煌的文化项目（包括2017年11月落成的"阿布扎比卢浮宫"）。

大溪地珍珠精品店的落成典礼极尽奢华，在令人惊叹的宫殿——酋长国宫殿酒店——举办，这里足以上演一场"一千零一夜"……

之后，精品店又进驻迪拜，阿拉伯联合酋长国的另一名成员。罗伯特·温大溪地继续着它的故事。

温惠仁无处不在：他在大溪地岛运营养殖场，指导罗伯特·温大溪地公司总部，以及商店、博物馆的经营；他在巴黎，通过卡地亚、香奈儿、梦宝星、御木本的居间商，在最大的珠宝品牌下展出自己的珍珠；同时在美国、日本、中国和中东地区，逐渐扩张自己的版图，他越来越频繁地前往这些地方。他对此感到满意。

不仅是生意场，他的个人生活也令他感到满意。2000年，他的新伴侣莱拉·古尔纳克（Leila Gournac），年轻美丽的大溪地混血儿，低调地诞下了托马斯。

小儿子的到来并不在计划之中，但无疑是一份非凡的礼物，是令温惠仁的生命得以完满的一件宝藏，是他发自内心依恋家庭生活的延续。他的兄弟姐妹，他的孩子们！在拥有布鲁诺、盖伊和米兰达40年之后，托马斯成为他生命中的新支柱。

他欣然接受了托马斯将接受洗礼，就和他过去同意托马斯的哥哥姐姐们受洗那样。

仪式在南马茹提的圣约瑟夫教堂举行，那是一场在珊瑚岛礁上举行的动人仪式，充满了对未来的承诺，是一场持续数天的盛大庆典……

受到小儿子托马斯出生的鼓舞，温惠仁比以往任何时候都努力。他经常旅行，从他的某座环礁飞到他的某家商店，从他的某栋旧屋到他最新购置的土地，从一个大陆辗转到另一个大陆。但他依然住在大溪地，这里是他抛下船锚的地方。

时间流转，他带领他和前妻的三个孩子进入了集团。儿子布鲁诺和盖伊不仅接管了科马食品集团，还要负责全速发展的珍珠养殖场和不断壮大的商店，包括波拉波拉岛那间豪华的瓦伊塔佩，以及世界上唯一的黑珍珠博物馆。

女儿米兰达在珠宝设计工作室工作，充分发挥她的艺术天赋。她从收获的黑珍珠中精选出最美丽的那些，将其悉心排列，以巧夺天工的技艺，令珍珠的形状、颜色和光泽达到完美的和谐。

严谨而富有耐心的她，也有可靠的眼光。她亲手创作了一系列戒指、耳环、手镯、长短项链，其中一些作品由直径 13～20 毫米的珍珠组成，令人拍案叫绝……常常会发生缺少一颗上品珍珠的情况，这时不得不等待下一次采珠收获。为了完成既定的设计，有时可能会需要等待长达

7 年的时间。

她创造出了各类珠宝形式，将珍珠与其他比较珍贵的材料结合，比如宝石、金属、金、银、钻石等；但也会用到普通的木材、钢材、天然或合成树脂……她制作的首饰样品俨然是一件件古典或纯粹现代主义的艺术品。

温惠仁欣赏他女儿的创作，他深感骄傲。

不过，他依然亲自监督着集团的运作情况。无论是科马的各项事务，还是罗伯特·温大溪地公司从最前线的养殖场到知名大珠宝商获得最终成品的每一个环节，或是新项目的推出，他都亲力亲为。心怀一如既往的热情，无论成败，他都坦然接受。

磨难与试炼

　　"玉不琢，不成器。人不学，不知义。"和所有人一样，温惠仁最大限度地将儒家思想为己所用。他的成功和好运也伴随着失败、挫折和意外。这不可避免，尽管如此，他依然追逐梦想，不断完善自己。

　　1995 年，可怕的神户地震给温惠仁的集团带来了重大打击。这场天灾引发了日本经济灾难，继而导致珍珠销售的急速下滑。

　　同时，他还必须面对来自南太平洋上库克群岛和斐济、澳大利亚，以及菲律宾、印度尼西亚等国的珍珠价格竞争；尤其是中国，由数百万只插核珍珠母贝出产的淡水珍珠，具有惊人的丰硕产量（养殖贻贝可在单次收成中产出 50 颗珍珠）。受此影响，大溪地珍珠的均价大幅下跌，最严重时跌幅高达 75%。

　　更糟糕的是，珍珠的价值也一落千丈。曾经掀起"黑珍珠热"的大溪地,激增的养殖场不但造成珍珠品质的参差不齐,也让市场过度饱和,出现了供大于求的情况。

大溪地珍珠公司(那时罗伯特·温大溪地公司还未诞生)始终坚守,维持着自家的高品质。

1996年底,一场飓风摧毁了嫩奥嫩奥环礁。和1982年南马茹提岛遭遇的那次风灾类似,风浪卷走了一切,留下一片狼藉。岛上所有一切都需要重建:飞机着陆跑道、养殖场、机器设备、住房……等待插核的珍珠幼贝和等待收获的珍珠蚌同样需要重新培育。

不过温惠仁拥有钢铁般的意志,还有顺应时局的新想法。也正是在那时,他决定打进中东市场。

2001年9月11日,美国遭遇了一次举世震惊、不可想象、手段卑劣的恐怖袭击。恐怖分子袭击并劫持了4架客机。

其中最可怕的是对纽约的袭击,前后相隔几分钟,2架飞机冲向世贸中心。

在华盛顿,第三架飞机冲向美国国防部所在的五角大楼。最后一架飞机因为机上乘客与恐怖分子的英勇搏斗,破坏了他们既定的行动目标,坠毁在宾夕法尼亚州的某地。

人们通过电视转播看到了双子塔轰然倒塌的影像。此次恐怖袭击造成的遇难及失踪人数高达 4 200 人。全球陷入一片悲痛之中。

时任美国总统的小布什，宣布对基地组织及其领导人奥萨马·本·拉登发动战争，后者是沙特阿拉伯一个富裕家庭的继承人。一个国际打击联盟就此建立，全球通缉抓捕本·拉登。

与肯尼迪遇刺事件一样，没有人会忘记 2001 年 9 月 11 日那天自己身处何地。

那天，温惠仁在大溪地获知了这个令人难以置信的消息，电脑屏幕上播放的图像仿佛是一部电影中的场景。

"9·11 事件"成为一个历史节点，自此之后，人们不得不面对越来越多的恐怖袭击事件。不过，人们只有选择接受现状，更加团结地生活在一起。

2002 年底，罗伯特·温大溪地公司受到了肆虐香港的 SARS 疫情的打击。SARS（严重急性呼吸系统综合征）是一种严重的传染性疾病，由 21 世纪初发现的一种未知冠状病毒引起。2003 年有超过 8 000 例感染者和 800 名患者死亡。世界卫生组织启动全球级别的医疗卫生警戒。这是一场前所未有的国际动员。人们立即采取隔离和检疫措施，并确定病毒，对流行病进行拦截。由此造成的经济运作失常，引发了人们的不安与恐慌。

此时，正在走下坡路的温氏航空公司让温惠仁的事业雪上加霜。公司入不敷出，损失惨重。

"这不是一个好主意。这终究不是属于我的事业。"温惠仁以一种客观积极的态度，接受了这一现实。

温氏航空放缓了发展的脚步，减少机队规模和航班班次，随后在 2004 年停止了公共运输服务。

但它并没有就此消失，依然保留了位于机场的豪华办公室，专注于大溪地珍珠公司客户的接送和货品的运输，承担温惠仁的私人差旅，为他邀请的专业或私人宾客提供服务。

这时，温惠仁着手开展一项新的计划——已故父亲曾教他使用珍珠粉治疗伤口——他打算复兴珍珠粉的药用功能。

温鸿公如此运用珍珠粉的知识来源于古代中医，其中一篇写于公元前 2 600 年的文章，谈及了植物的治疗用途，最早甚至可追溯到更久远的公元前 3 000 年。自蒙昧时代以来，人们就已经了解到珍珠母贝对受损组织的再生能力。之后，合成的防腐剂、抗菌剂和抗微生物剂逐渐取代了这种粉末。但在当代社会，为了追寻天然的产品，人们重振传统医学的声音日益高涨。

21 世纪初，学者对珍珠母贝在医学领域的益处进行了研究。他们重拾千年前的医学知识。在中国，贝壳粉末被用于帮助伤口愈合，或促进体内液体、血液和淋巴的循环。在墨西哥，玛雅人使用贝壳制造牙科植入物。

法国国家科学研究中心（CNRS）的研究人员伊夫琳·洛佩兹（Evelyne Lopez），于2006年与温惠仁取得了联系。

她加入了温惠仁的团队，共同研究珍珠母贝的再生功效。起初的研究显示，这种功效及其作用原理与人体新陈代谢，尤其是骨细胞中钙的作用有关。随后，他们发现，当活性成分被引入人体后，并不会像通常情况下那样产生排异反应，反而会在人体骨组织中，触发碳酸钙与贝壳矿物质之间的复杂转化过程。

这也就是骨再生！实在太神奇了。

如此一来，珍珠可以用于修复医学和整形外科，甚至用于治疗骨质疏松症、骨关节炎……

虽然不尽相同，但这个原理同样适用于皮肤。皮肤是一种器官，这些盐和矿物质可以使其更加紧致，恢复活力，效果惊人。

于是，由珍珠粉制成的大量护肤和美容产品开始涌现。除了修复和再生皮肤的功效外，它们还能提亮肤色，赋予其珍珠般的光泽。通过碳酸钙、文石及其矿物氧化物的相互作用，令皮肤呈现虹彩般的半透明光泽，随着观察角度的不同产生微妙的变化。

奇迹面霜和奇迹护肤油（也许夸大了功效）曾风靡一时。微光散粉（的确有效！）涌入美妆市场，粉底、眼影和口红，天然的反光效果，不含人工色素，由珍珠原色衍生的米粉、金铜、古铜色调广受欢迎……

温惠仁参与了汲取自他家黑蝶贝珍珠活性成分的生产制造，并顺势推出了一系列面部和身体护肤品。

他的品牌 Na©re，定位高端奢华，无疑是护肤品界的珍宝，珍藏于首饰盒般的瓶罐内，是朴实无华的大美。品牌宣传聚焦于法国国家科学研究中心专利的高科技，珊瑚岛礁纯净的来源，乳霜和净化油成分的天然纯正，以及主打修复的一系列有益功效……

可结果事与愿违，败笔正是来自这个专利。究竟是怎么回事？是因为挑战既有的奢侈品牌竞争太过困难吗？抑或是过度的伪科学解释叫人厌倦？还是因为品牌名称 Na©re 里的 ©，让人联想到碳元素的化学符号 C，而 Na 表示钠，它们在品牌名称中想要表达什么叫人费解吗？

无论怎样，就像每次遭遇失败一样，温惠仁采取积极的回应，面对困难，只有让自己变得更强。他不会停下脚步！

只是，此时的他不得不与房地产行业说再见，这样他才能获得投入新项目所需的资金。2002年，他卖掉了阿努阿努拉罗环礁——1982年的飓风灾难后那里未再开展珍珠养殖业，而只是作为一个度假胜地存在。

日本投资者一直对这座岛屿很感兴趣。但法属波利尼西亚的主席加斯东·弗洛斯始终看不惯外国人买土地。他先发制人，让其政府先行买下了这座环礁。这个举动，让温惠仁的生活变得更富戏剧性。

生命的重击

"这是癌症。"

医生的回答很明确。

温惠仁心存疑惑，但还是十分震惊。

他咬紧牙关，眼神坚定，浑身紧绷。他会迎接这场战斗。他想赢得这场战斗。他会赢！

他没有和人谈论这个。他不希望人们谈论它。

但我们不得不谈论。

首先，显然这一结论还没有百分之百确定。尽管在医学知识和治疗领域，科学取得了巨大进步，但人们对癌症的认知依然十分有限。不过长年累积的压力和精神上的打击，的确是罪魁祸首。

可以说，是阿努阿努拉罗环礁的出售，引发了一连串"蝴蝶效应"。

整个出售过程中面对的各方压力，凝重、怀疑的气氛，法庭程序，起诉带来的打击，还有对手低劣的手段⋯⋯

这场博弈的真正目标并不是温惠仁，而是加斯东·弗洛斯。这已成为一个政治事件。

从不过问政治也不参与自治主义和独立主义之间分歧的温惠仁，被无辜地卷入了这场混乱的漩涡。

当然，他终究会胜利。他将证明自己完全清白。他会脱胎换骨。他将从这场可悲的不公待遇中被解放出来，将不愉快的记忆抹去。

但这需要时间。

如果加斯东是个无名之辈，也会有针对他的大量诉讼。对于温惠仁来说，这样的中伤简直不可想象。他因此名誉扫地，深受打击。

一直以来，温惠仁都毫不在意别人对他的评论，无论是对他私生活还是商业成功的诽谤。但这一次，他怒不可遏。这是对他的尊严、正直和他最珍视的荣誉的侮辱。

无可否认，他在生意场上十分老辣——这也是他获得成功的原因之一——但他从来不是个不择手段的人，他诚实守信，他对此引以为豪。

这场变故对他造成了致命的打击。他病了，癌症。温惠仁变得虚弱、消沉，一下子憔悴了许多，差点让人认不出来……

可他依然坚持亲自出战。

通过医生的会诊、密集强力的治疗和重获健康的坚强意志，温惠仁再次产生了希望和对生活的渴望。他战胜了病魔。

他和自己的律师团队，以及加斯东的辩护团队，对"阿努阿努拉罗环礁"案的一审判决提出上诉。案件一拖再拖，这是常态，法国司法程序的拖沓程度堪称传奇。

2016 年 10 月，基于这样一个事实，即从一开始的指控并不合法，法院无权判决由部长理事会评估的财产价值，帕皮提上诉法院给出了审议意见：加斯东·弗洛斯和温惠仁被免于诉讼。

然而，总检察官提出了向最高法院上诉！

终于，在 2017 年 7 月，最高上诉法院驳回此案，确认温惠仁不被起诉。

这个政治、法律界暗箱操作的案件得到澄清的意义，举足轻重。在环礁出售期间，身为政府主席的弗洛斯背后，是连任两届的法兰西共和国总统希拉克的支持，他的权力可想而知。

在得到法国国家补贴的情况下，弗洛斯看到了这片领土的无限未来……他进行了大刀阔斧的改革和现代化工程：建造道路、高速公路、隧道、纪念广场，在布鲁特大道古老美丽的营房内打造自己豪华宫殿般的政府总部；一座与周围环境格格不入的超现代化大型医院，配备了最新的技术设备……他还通过艰难的谈判，掷重金创立了自己的航空公司：Air Tahiti Nui。

挥金如土的作风，让他面临滥用社会财产、贪污腐败、独裁等多项指控……

温惠仁和加斯东的关系并不简单。这位商人为主席的成功感到高兴，他钦佩加斯东的为人与魅力，但并不赞成他的盲目自大，也谴责其政府的腐败。他对政治混乱的现状持批判态度，也指责社会愈加严重的裂痕。他不禁感叹，对立冲突只会让一切变得更糟。

1995年，在全球各地媒体的镜头前，当地部分工会和政党在法阿机场发动了严重的骚乱事件。起因是在1992年选举前，密特朗临时叫停的核试验又被重启。

在终止这项试验前——显然必须这么做——希拉克要求在穆鲁罗瓦和方加陶法环礁进行法国方面的最后核发射。由此获得的有效数据不仅涉及军事层面，还有健康卫生方面的考虑。之后，法国正式签署了终止核发射的国际协议。

然而，弗洛斯贪得无厌。

2004 年 5 月，他在领土选举中大败。

不可取代的加斯东被驱逐出境，出乎所有人的意料。

独立主义阵营领导人奥斯卡·特马鲁（Oscar Temaru）于 2004 年 6 月赢得法属波利尼西亚主席选举，组建新政府。

被大家称为"taui"的他，带来了一系列改革，令人措手不及，目瞪口呆。

加斯东不惜一切代价拉拢联盟，企图再次回到主席的位置，而奥斯卡也会这么做。

主席任期一开始，奥斯卡·特马鲁便有意损害加斯东·弗洛斯的名誉，寻找各种对他提起诉讼的方法，从中发现了他购买阿努阿努拉罗环礁的举动。在奥斯卡看来，这是投机取巧的诈骗行为，是严重的渎职。他努力翻寻，希望证明环礁的购得价虚高，是加斯东为了拯救罗伯特·温大溪地公司于财政危难中的一次优待。

2004 年当年，奥斯卡即提出诉讼。

人民伸张正义的声音高涨。每一家媒体都对此案非常感兴趣，如今左派当道，借机妖魔化加斯东，给温惠仁泼脏水。

来自媒体的疯狂指责，渎职、腐败、严重失职、弄虚作假……椰子树广播电台的报道火上浇油。

与此同时，议会解散，政府被推翻。腐败之风令人忍无可忍……2004 年 10 月，加斯东重新掌权。2005 年 2 月，他再次被奥斯卡打败……此后的 10 年间，共有 13 届政府相继上台，新兴竞争对手前赴后继：波拉波拉市长加斯东·唐桑（Gaston Ton San），弗洛斯的前女婿爱德华·弗里奇（Edouard Fritch），等等。

温惠仁始终置身事外。

他逐渐从疾病中康复，重新开始运作生意，享受生活。尽管最终他得到了公正的判决，但此前针对他的诉讼，对他欺诈的指控已让他身心俱疲。他没有逃避，当上诉法院宣布免诉判决时，他终于松了一口气。他再度获得了奥林匹克运动员般的宁静，恢复了自己对生活的信条和力量。但那些无端的怀疑和指责，是对他的正直与忠诚的亵渎，对他清誉的损害，这在他内心深处留下了难以抹去的印记。他意难平……直到最高法院宣判免诉，才终于让他释怀："不念旧恶"，不变的儒家宽仁思想。

然而，纷争不断的政治现状让这个正在经历经济衰退的法国海外属地举步维艰，由于资金的缺乏，破产公司成倍增加……

加上 2008 年全球金融危机的影响，温惠仁也不得不吞下苦果。

这场最初发生在美国的严重经济危机，源于低收入的美国人面对无法偿还购买房屋的贷款困境，以抵押贷款的形式，以 1%～5% 的优惠利率进行次级贷款，到 2007 年 7 月，这一利率高达 15%。

过高的债务，使人们无力还贷，次级抵押贷款破产，资金扣押，抵押房屋大规模出售，房地产价格大幅下跌导致房地产市场崩溃，金融危机显现。

金融海啸正在蔓延，影响了银行的债券业务——投资者可随时出售和购买债券。"银行转型"的机制复杂，包括利用短期资源进行长期贷款，"一揽子贷款""投资基金"，等等。

2007 年夏季以来，银行资金流动的大幅下挫，引发了金融市场的大规模撤资、崩盘。

由此产生的连环效应影响了整个美国的银行系统，继而影响了欧洲。金融全球化的背景下，欧洲银行也参与了各项融资组合。

关于高盛丑闻的传闻很多，高盛是华尔街最具代表性的银行之一。2010 年，它遭到起诉，因其欺骗客户以换取自身利益。

在法国，刚刚上任的总统萨科齐尽可能地减少损失……

而在大溪地，影响范围尚属有限，但依然造成了不小的损害：生活费用增加，人心惶惶，面对因破产而大门紧闭的大小商场，人们心情沮丧，无家可归者再度涌现，一些街道和社区脏污不堪，旅游业绩大幅下滑。

作为银行和国际公司重要一员的罗伯特·温大溪地公司深受其害。其融资组合、珍珠养殖场及商店遭受着购买力下降和破产的影响。温惠仁依然直面这些困难。他还不得不面对大溪地岛糟糕的珍珠养殖现状……

无论如何，他没有气馁，更没有撒手不管。罗伯特·温大溪地公司在世界各地保持稳固的业绩。他真的拥有坚不可摧的意志。

来自生活的幸福力量

"喜悦无处不在，但需用心发掘。"

面对横亘在事业前的严峻障碍和生活里的困难险阻，这句格言给了温惠仁莫大的鼓励。其中，阿努阿努拉罗环礁的审判过程是最富戏剧性也最令人震惊的插曲。但即便生活再跌宕起伏，也没能击倒他。他思忖着自己在出生时一定得到了保佑，有一个无形的伟大神明始终护佑着他。

他感到内心深处汹涌着波涛，正如加缪在《夏天集》（*L'été*）中的散文《重返蒂巴萨》（*Retour à Tipasa*）所描述的那样：

"置身冬日中，我才终于了解我的身体里住着一个不可战胜的夏天。"

这个无敌的永恒夏天同样存在于温惠仁体内。

喜悦，他深谙如何让喜悦随时显现，即便在那些让他变得好斗的磨难中，亦是如此。

生活的幸福感停留在他的内心深处，磨炼他的意志，让他变得更强大。永不停歇的生命活力，超越自我的渴求，令他始终保持年轻的心态，保持着健康的身体、健康的生活方式、健康的饮食，并且始终坚持运动——这是保持身心平衡所必需的。

生命在于运动！

他在青壮年时就喜欢踢足球，如今继续打网球，做日常体操，在环礁步行，偶尔也去远足、登山。

有一天，他在自己的运动清单里加入了一项：滑雪。

这是全新的世界，他全情投入。

在加利福尼亚州的斯阔山谷，温惠仁初识滑雪，这片山谷自1960年冬季奥林匹克运动会以来闻名于世。温惠仁对这项未知的运动深深着迷。

这片滑雪胜地海拔1 890米，是北美最优秀的滑雪胜地之一，巨型滑雪场内设置了各式各样的滑雪道，包括著名的KT-22峰（2 550米），适合经验丰富的滑雪者。

如同面对大溪地奥莱伊山周围的群峰，此时的温惠仁享受着居于山顶俯瞰一切的感觉，这些山峰连绵形成酋长山（2 758米），沿海山脉的山峰、山脊和峡谷组成了内华达山脉。

雪的神奇魅力在这里显露无遗。这是温惠仁平生第一次看到皑皑白雪，纯净的白色，绵软的触感，清新的气味；雪飘落时静谧无声，覆盖一切的雪令山脉在月光下宛如仙境，在阳光下熠熠生辉。

很快，他发现了另一种魔法。

滑雪，自由自在，仿佛拥有了全世界。掌控自己的滑雪板，聆听它们在雪地上飞奔、盘旋，用双脚踩住它、紧咬它。在雪面上打滑或俯冲，全速前进，感受冷风呼啸……那是何等的幸福！跌倒后站起来，轻轻抖落身上的雪。在吊缆上哼着歌，或凝神冥想，感受与大自然和谐相处的片刻宁静。

当然，在那之前必须经过雪地里跟跟跄跄的新手阶段。

1980年，温惠仁第一次来到了瓦勒迪泽尔（Val d'Isère），位于莫里耶纳和塔朗泰斯高山间的萨瓦省。他下榻在基利滑雪空间（Espace Killy）的萨瓦亚酒店，这片现代滑雪场的名字取自著名的法国高山滑雪冠军让-克劳德·基利（Jean-Claude Killy）。酒店位于度假村的中心，几步路即可抵达滑雪场。

瓦勒迪泽尔，这座萨瓦省的小村庄成了举世闻名的滑雪胜地，是法国最具运动特质的滑雪场，建于16世纪，海拔1 850米，位于伊泽尔激流两岸，河水一路下泄，抵达山谷，逐渐变得平缓（Val d'Isère 的名字由此得来，意为伊泽尔的山谷），在流入瓦伦西亚以北的罗纳河之前，形成了穿过格勒诺布尔的河流。

这里留存着往昔生活的模样——蜿蜒的小巷，巴洛克式教堂，石头房子，厚实、平坦的墙壁，覆盖屋顶的板石。它们被称为山间木屋，最初这个名字泛指高山避难屋，为那些在夏季高海拔草地间放牧的人而建。

典型的乡村生活，朴实而简单。农忙时人们放牧（或饲养猪和母鸡），种植黑麦、谷物和其他粮食作物；单调的冬天里，人们和牲畜回撤到白雪皑皑的村庄，制作奶酪和腌制肉，制作木制品、工具、耙子、雪橇、推车……还有工艺品。

随着旅游业的兴起，这片山脉成了著名景点，第一家酒店于 1888 年建成；1930 年，滑雪运动改变了这里的一切。

酒店、住宅、建筑物飞速建起；在以教堂为中心的两侧周围，形成了绵延数英里的村庄，滑雪缆车直达山顶。

伊泽尔左岸的每一片山脉都有架空索道和吊缆，可以带领人们进入最美丽的山谷：索莱斯山（2 560 米），有索莱斯峰，马德莱娜峰的 L、M、S 形山口；对面是贝勒瓦尔德悬崖（2 837 米），有勃朗峰、绿峰、桑顿峰，还有传奇的 Face 滑雪道！这里是进行速降滑雪的女王雪道，坡度为71%（约 45 度），用于冬奥会比赛。瓦勒迪泽尔已成为法国最大的滑雪场，其斜坡一直延绵至大型度假村蒂涅的下方，上坡与拉瓦谢斜坡和伊色朗山口周围的斜坡（2 707 米）相接，包括加利塞峰（2 800 米）及其冰川——其深处源自伊泽尔激流，形成多条交汇的小溪，向下流入马尔巴塞峡谷——还有大萨西耶尔峰（3 747 米），桑特蕾纳峰（3 608 米），那里是令人心潮澎湃的最高峰……

这些山脉由于常年覆盖冰川，可以实现全年滑雪。也可在专业雪道外，裹上海豹皮，带上冰爪徒步远足：既是对体力的考验，更是无上的享受！

温惠仁完全被这片滑雪场折服。在这里，他再次加深了当年在斯阔山谷第一次体验滑雪时的感受和情感。他看不厌这山脉的美景，这里的山峰更高，山脊直入云霄，山道更加陡峭；他在绿、蓝（初级）雪道上练习滑雪，接着是更高难度的红色（中级）和黑色（高级）雪道。无论是滑雪中还是滑雪后，他都能品尝到无尽的乐趣。

除了古老村庄固有的魅力和时常由旅游局开发的文化传统活动外，这座滑雪场总是充满了令人难以预测的变化，有那么一点疯狂。在等待滑雪缆车队伍的尾端，和温惠仁同行的生意伙伴们总是神采奕奕，相谈甚欢。

"你认识温惠仁吗？"

如果你询问当地的商人、书商、药剂师、餐馆老板或滑雪教练，不管是男士还是女士，经常会得到这样的回答：

"当然认识！那个大溪地的中国人……他真的很友好……而且很大方，很幽默……"

有人眼里还闪着光，继续道："他身边还经常有漂亮的女孩。"

通常，温惠仁都会带着女伴们一起来滑雪，他还会带着孩子和孙辈，还有好友，尤其是和丹尼尔·纳法茨基（Daniel Naftalski）——在科马食品集团全盛时期和珍珠养殖起步阶段，他是大溪地岛的名人——还有他的妻子热尔梅娜（Germaine）和他们的 3 个儿子一起，里面年纪最小的皮埃尔（Pierre）是温惠仁的教子。

在这里，温惠仁实实在在地感受到了生活的幸福，小屋和山坡上回荡着开怀的笑声……

在巴黎时，温惠仁总能见到纳法茨基，他亲切地叫他"Naf"，他是希拉克任市长期间的市政厅参谋长，之后离开了公共服务部门，经营一家保险公司 Gras Savoye。

巴黎！那是温惠仁在 20 世纪 60 年代后期与他的老板阿尔弗雷德·波鲁瓦第一次出差的目的地，之后他时不时地会来这里待上一阵，住在酒店里。直到 1992 年，他买下了第 8 区皮埃尔塞比大街 1 号（Pierre 1er de Serbie）的一栋公寓。

这是属于巴黎生活的快乐！努力工作！

生活中的点滴幸福成了惠仁最大的财富。无处不在，无可匹敌。旅行也为生活增添了快乐。

2004 年，巴塔哥尼亚（Patagonie）之旅和温惠仁对滑雪的热爱密不可分，那是一次令人难以忘怀的回忆。

巴塔哥尼亚，位于南美洲尽头，在那里，安第斯山脉划分了智利和阿根廷，冰川注入太平洋……那里住着可爱朴实的印第安人，还有那些人们臆想出现在宏大、混乱画面中的巴塔哥尼亚巨人（当地神话传说中的三米巨人，有些还长着两个头颅）……巴塔哥尼亚的风景令人叹为观止，无垠的沙漠和冰原，沿着湖泊或海洋，置身纯白无瑕的雪地，在那里的滑雪体验激烈而梦幻，叫人流连忘返。

有时，温惠仁会在复活节岛中转停留，这是地球上有居民居住的最与世隔绝的地方，也是波利尼西亚三角洲的一个端点……人们在原始的大自然中跳水，在波利尼西亚文化的复活节岛古迹中徜徉。这里有闻名世界的奇迹：超过千座的"摩艾石像"，平均高 4 米，充满了神秘色彩，释放出令人不安的魔力。复活节岛的遗迹复兴了人类历史遗产中镌刻的古老文明，是与智利悠久文明旗鼓相当的人文力量……

　　除了这些目的地外，温惠仁还去过许多地方旅行。一点一点，他游历的脚步逐渐勾勒出一个清晰的方向。温惠仁正在慢慢向自己的故乡进发。他要回到中国。

在中国

    香港于 1997 年成为中华人民共和国的特别行政区，保持着蓬勃发展的势头，仍然是亚洲与全球最重要的金融和股票市场之一，罗伯特·温大溪地品牌在当地生意兴隆。

    温惠仁开始花更多时间待在香港，既在这里拓展业务，也在这里和家人团聚。

    当然，他本人仍然定居在波利尼西亚，和他的爱侣莱拉、儿子托马斯在一起。温惠仁希望为儿子提供更优质、更国际化的教育，除了法语之外，还要他完美掌握两门在大溪地较难习得的语言：英文和中文。

    因此，他为托马斯在尖沙咀的耀中国际学校报了名，学校毗邻美丽的维多利亚湾海滨。

    温惠仁经常到这来。他十分关注托马斯的学习，也在这重新认识属于自己的根系。在香港，他感觉就像在自己家，这里是他母亲出生的地方，也是父亲当年登船的地方。父亲的形象浮现在他眼前，父亲未完成的梦想如今已由儿子替他实现。

作为一个生意人，温惠仁全权管理罗伯特·温大溪地公司的业务。

他频繁前往已然取得惊人发展的中国内地，这里正在重新占据全球经济的主导地位。历史上的中国，作为世界上最强盛的贸易大国，辉煌持续了好几个世纪，与西亚、非洲、中东和欧洲国家通商……得益于当时最先进的导航系统，它可以将自己生产的货物出口……中国也曾是世界上最大的钢铁生产国……在纸张、印刷术、火药和工具方面的革新，令其一度成为超级大国。

19世纪开始，中国逐渐衰落，鸦片战争加剧了这场衰落。

但进入20世纪中叶，中国再次向外国投资开放，同时在新能源技术和现代服务领域布局国外市场。对科学家、技术人员和技术工人的培训惹人瞩目。从推动国内市场发展起步，经济飞快增长。

得益于其巨大的生产能力，尽管在发展、社会阶层、能源和环境危机方面存在诸多困难，中国依然成为世界第二大经济体。

与此同时，作为世界上最古老的四大文明之一，中国在文化领域敞开大门，中华文明曾是最丰富、最精巧、最具智慧和创造力的文明之一，那些流芳百世的大文人和大思想家，始终强调人文的重要性。它正跳脱千百年传统的桎梏，与外国的联系越来越频繁：国际会议和交流，博物馆和画廊的艺术展览、研讨会，电影……丰富的文化交流让中西方有了更深入的相互了解。

仿佛出于本能，温惠仁也加入了这场文化经贸合作。

经济上，他在内地建立了他的罗伯特·温大溪地公司；文化上，他发起并赞助了法属波利尼西亚与中国间的艺术交流。

想到将在这个悠久传统与高度现代化相融合的千年古国投资项目，温惠仁既高兴又激动。对于一些人来说，这是另一个世界，神秘莫测而令人担忧。但他觉得和这里很亲近，他必须回到源头，这是一股全新的力量。

他选择了上海。这是座生龙活虎、机遇与危险并存的城市。11世纪到17世纪，上海从一个简陋的渔村，扩展为一个都市，随后又迅速成长为马力全开的超大型城市。上海是中国最现代化的城市之一，有关它的历史历久弥新。

位于中国两河交汇的上海，具有比邻入海口的优越位置，位于庞大的长三角地区北部，一条黄浦江把城市一分为二。

得天独厚的地理位置，让上海在过去几百年间接触到大量外国人，自中国改革开放以来，便成为现代化进程最快的城市……尽管它并不是首都。

中华人民共和国的首都是北京，是政治中心和文化中心，拥有列入世界遗产名录的著名的紫禁城、天坛和长城。虽然香港和上海在经济上很发达，但在文化资源方面仍逊于北京，仅从博物馆数量便可见一斑：北京有 268 家博物馆，上海有 264 家，香港有 87 家。

可以说，上海是经济之都，也是中国的窗口，它拥有 2 300 万常住居民。自 20 世纪之交，逐步转向外贸、工业、金融和房地产投资。许多中国和西方公司在此建立总部和分部。整座城市在金融家、活动家、投机者和各行业先驱的手中迅猛发展。这里的建筑乍看杂乱无章，却又大胆新潮，令人惊叹。

这是个从不墨守成规的城市，庞大、国际化、创新、现代化。黄浦江上架着好几座大桥，连接浦西和浦东。简单而言，浦西，是传统的市井生活图景，而浦东，现代化的生活已成为这里的常态和新时尚；沿着外滩绵延近 4 千米的滨江大道，可以看到 20 世纪早期留存下来的迷人建筑，河对岸，则是令人印象深刻的陆家嘴建筑群。

浦东拥有上海最重要的商业和金融区，享誉世界。鳞次栉比的摩天大楼，前卫的风格争奇斗艳，这里象征着一个被唤醒的新中国。

2010 年，世博会在上海举办，上海人民希望这次盛事能够超越 2 年前给世界留下深刻印象的北京奥运会。

从 5 月 1 日到 10 月 31 日的 6 个月间，上海为 242 个国际参与国和 7 000 多万游客成功地组织了一场大型狂欢。沿着黄浦江的市中心，有超过 5 平方千米的世博会展区——展馆的数量、丰富性、美感，节目的密度，汹涌的人群，排队的时间，都让人叹为观止。

这是迄今为止世界上最庞大的一届世博会。

为了举办一场成功的世博会，当时这座有 1 900 万居民的特大城市经过了一番大刀阔斧的改造、翻新和装饰工程。

除此之外，外滩恢复了昔日的辉煌，建筑物如雨后春笋般涌现，地铁网络规模几乎翻了一番，虹桥机场又扩建了第二航站楼。

由建筑师雅克·费里尔（Jacques Ferrier）设计的法国馆以其尖端科技创新和浓郁的法式生活品味，吸引了众多参观者。馆内还展示了从奥赛美术馆借展的高更、罗丹、马奈、塞尚、波纳、梵高、米勒等著名画家的杰作。

世界上最大的市集，即世博会。这里每天都上演着各色文化活动。法国是其中一员，罗伯特·温大溪地品牌也参与支持了不少活动。

其中，温惠仁参与了罗西尼歌剧《灰姑娘》新版上演的融资，这部歌剧不及《塞维利亚的理发师》或《阿尔及尔的意大利人》那样出名，是一部曲调欢快、情节跌宕的歌剧……演出在上海东方艺术中心举行，该中心是上海一流的表演艺术场所之一，也是中国最重要的文化机构之一，位于浦东的中心地带。中心于2005年落成，是巴黎建筑师保罗·安德鲁（Paul Andrew）（他也是法国具有革新意义的鲁瓦西机场的建筑师）最壮观的作品之一。他在这座建筑中灵活运用透明轻盈的灯光，大型盛开的花朵造型，在夜晚散发着迷人的光芒……艺术中心内拥有三大演出空间：分别是用于交响乐队演奏的音乐厅、歌剧戏剧表演的歌剧厅和一个室内音乐厅。

同期，罗伯特·温大溪地公司还为2010年世博会打造了一座珍珠塔，一件以东方明珠塔为蓝本的珠宝，这座著名的电视塔同样位于浦东新区。东方明珠的建造（江欢成为总设计师）历时4年（1990—1994年）；其468米的高度一度雄踞中国第一高塔，直到2007年，第一的宝座被高

492 米的上海环球金融中心取代。

温惠仁的珠宝塔由 1 388 颗黑珍珠组成，其中包含了当今世界上最大的珍珠。它象征着波利尼西亚与中国的友谊，也表达了温惠仁渴望在中国寻根的愿望与他的感激之情。

2010 年，在中国深圳茵特拉根酒店举办的世界小姐晚会上，温惠仁公司为其打造了 3 顶最奢华的珍珠皇冠，最终折桂者是美国小姐。次年，温惠仁又赞助了上海的环球小姐比赛……

温惠仁稳步在中国投资业务，既在这里追溯血脉的起源、家族的根，也在这里展望未来。这里有属于温惠仁的文化，也正是这样的中华文化令温惠仁拥有了融贯东西的眼光。他愿意强化自己亚洲部分的身份认同，虽然这很难界定，因为基本而言，他是个大溪地人。

和他的祖先一样，他说客家话，这是众多中国方言里的一种，他还学习来自中国北方地区的普通话，这是中国的官方语言。为了能在内地的发展建立更多优势，他学得格外认真。进入内地市场，对温惠仁而言，不仅是事业成功的再次体现，亦是无上的荣幸。

用心热爱

2017 年 9 月 14 日，在香港洲际酒店举行了"亚洲珠宝大奖"（JNA）颁奖典礼及晚宴。JNA 大奖是业界享有盛名的权威奖项，每年旨在奖励那些通过创新卓越的产品及创作，为宝石及高级珠宝产业与贸易的发展作出杰出贡献的公司和个人。

这是该奖项举办的第 6 届。温惠仁荣膺最高奖项：JNA 终身成就奖，获得业内的终极肯定。

这既是对温惠仁（Firmin Robert Wan）个人成就的认可，也是对他投入亚洲地区市场的鼓励。根据国际惯例（包括法国在内各地都流行这样的做法），温惠仁使用了中间名，而重新启用 Firmin（惠仁）似乎也象征了温惠仁的回归。

法国政府在 1962 年为其登记入籍时选择了这个名字，因为接近他的中文名字"惠仁"的发音，但这个官方名字一直以来被束之高阁。只是在他的身份证件上，"温惠仁"

变成了"Firmin Robert Wan"，除此之外，从来没有人打电话给"Firmin"。

2017年，JNA大奖组委会编辑的手册中有几页关于温惠仁的生平介绍，对他的生活和对养殖珍珠事业的努力表示赞赏。人们留意到他在颁奖仪式期间的低调谦逊，在他的感谢致辞中，他强调了自己的好运，并将这份殊荣献给身边的女性们：

"珍珠带给我的好运已有45年，直至今日，它依旧令我深深着迷。对完美的追寻没有止境。珍珠，是天赐的礼物，纯洁高贵，我们应懂得去尊重并欣赏它。我为珍珠奉献了毕生精力。今天，我将它献给为它永恒之美所倾倒的每一位女性。"

为人谦逊的温惠仁始终保持自省与清醒，在抵达成功的路上也总是向帮助过他的人表示感谢——他的父母温鸿公和丽梅，他的老师奥黛特·弗罗热尔，那是第一个教他法语的人，还有他的老板阿尔弗雷德·波鲁瓦；向所有关照他、重用他并信任他的人表达感谢——包括弗朗西斯·桑福德，他最好的兄弟。是家人、团队、公司还有朋友们成就了他，让他成为一个成功的实业家，一个成功的男人。

他的形象与珍珠带来的好运镌刻在一起，不断寻求完美的同时，如他自己所言，女性在其生命中扮演着重要的角色……在帕皮提的家里，他以反躬自省的态度，迎接每一个清晨的到来。

在这些试图重现他父亲和他个人生命轨迹的书页里，我们翻寻着属于他过往的点点滴滴。对比事实，直面观点，研究那些他停留过的地方，传记的轮廓逐渐清晰，但我们不求面面俱到，我们为这个男人保留了一丝神秘感。

那些无法言说的秘密。

关于温惠仁生活研究的资料中，有关爱的证据缓缓浮出水面。那些隐藏在他的动机和行为之下的生活的另一面。

让我们从他在香港的感谢致辞开始说起吧。

那是对珍珠的热忱表白。

自从在曼加雷瓦第一次移植黑蝶贝并获得第一次收成以来，对珍珠的热爱一直指引着温惠仁的生命。那是直接、切实、无条件的爱。他说，这是他一生的幸运。

也是对美的热爱。

这具有双重意义。既是物质之美，围绕在他身边所有可触及的物体，有用的或多余的，日常的或罕见的，朴实的或奢华的，最廉价的——甚至免费的——抑或无价的、昂贵的艺术品；也是无形的美：创造，想象，梦想，品味。

爱是天赐的礼物，随着认知不断发展。

还有对女性的热爱。

我们在温惠仁的青年时期就已略书一二。60 年后，这份热爱并未改变。如同一个年轻人，温惠仁喜欢女性，他总是被她们吸引。83 岁的时候，他仍旧保持着对女性的兴趣，连他自己都感到惊讶。

感情、感官、亲密关系，温惠仁在这一问题上十分腼腆。对他成功捕获芳心的女人们，他的爱人们，他保持低调，鲜少谈及。他是个翩翩君子。

就让我们尊重他的隐私，不要擅自闯入。但这不妨碍我们触及这份激情，因为当他亲口谈及时，眼里会不禁闪着光，流露出无限温柔。

女性对温惠仁非常重要。在他的职业生涯中，有过很多女性友人——合作者、秘书、礼仪小姐、商店里的销售员、农场工人和他的佣人——她们都能胜任各自的角色。温惠仁是个好老板，一直以来都是，他很关心她们，想让她们的生活更轻松，他保护她们。当这些女性员工年龄渐长时，温惠仁会为她们安排别的工作，并雇用她们的孩子。不过，对于不诚实的人，他会非常严厉。在这一点上，无论男女，没有偏袒。所有这些构成了一个庞大的家庭，也是他公司和团队的基础。

个人生活方面，1971 年与他前面 3 个孩子的母亲塞西尔离婚后的单身生活里，他身边的女人缘不断。可他没有选择再婚。

他常陷入恋爱，被各地的女性吸引：中国人、法国人、欧洲人、日本人、越南人、美国人……

短暂的艳遇，转瞬即逝的情爱，或是多多少少持续了一阵的浪漫关系。

刹那永恒的念头也并非没有闪现。

有那么几位，和他结成了坚固、幸福的伴侣，相伴走过好几年。其中有与来自多伦多的加拿大女孩的 3 年。还有与蒂亚尔·桑福德一起走过的 7 年，这 7 年时光对双方而言，都意味着很多。蒂亚尔说："他是个绅士，是个王子。他带给我很多……"

他们之间仍然充满了爱意。

"女人？我一直是她们的奴隶。"这既是温惠仁的打趣，也是发自内心的感慨。

这是一场相对的奴役。他承认自己离不开她们，难以抵挡女人的魅力，甚至有时跌入她们制造的陷阱。

"就像蝴蝶追逐光明，权力和金钱也会吸引女性。"他带着些许苦涩的口吻补充道。

确实，女人中有一些利用了他的慷慨，毕竟温惠仁是出了名的大方：他是个风度翩翩的君子，他喜欢向恋人们献殷勤。即使被她们的手腕伎俩愚弄，他仍以绅士风度相待。

当他讲述自己和一对澳大利亚母女，尤其是和那个女儿的争执时，他的眼神变得黯淡："我上当了。"

这个故事发生在温惠仁前往普纳奥亚的路上，有一对母女要求搭便车。后来，女儿成了他的情人。那不如邀请她们到自己维埃提的家待几天吧，他这么打算。

不料，这对母女就此在那儿住了下来。几周过去了。事实证明，已不可能让她们搬离。他尝试劝说无果，母女两人赖在了那里。

温惠仁带来了一位法警，而那个母亲甚至试图勾引法警。于是，这两个投机者反而成了受害者，温惠仁站在了被告席上。他组织了辩护团队，但仍不得不暂避风声，满腹愤懑地回到了自己的环礁躲清静。

最后，他赢得了部分诉讼。但他必须在洲际康波海滩酒店安顿下这两名女子。那是大溪地岛最豪华的酒店，两人在那儿住了 2 个月，这是一笔不菲的开销！

如今，来到 2018 年，温惠仁的身边是风雨同舟 18 年的爱人：莱拉·古尔纳克（Leila Gournac），年轻可人，传统低调。还有他们的小儿子托马斯，在温惠仁的精心安排下，接受最优质的教育。并不是因为相比其他孩子他更偏爱托马斯，而是因为他变得成熟，开始意识到：光阴似箭，之前工作事业对他私人生活的侵占有多么严重。

过去，由于过度繁忙，他没有时间照顾自己本应关心的孩子。如今，对于小儿子托马斯，他倾注了许多时间，常常到他和他母亲一起住的香港团聚。假日里，他们会回到维拉的家或一起去珊瑚岛，或在圣诞节前往瓦勒迪泽尔滑雪，那里是大家庭聚会的首选之地。

在温惠仁家，对生活的热爱化作生活的幸福感。

对工作的热爱，是他生命的另一个支柱。他奋力工作，全力工作，因为他是一个喜欢工作的人——无论身体还是智识，他都具有非同寻常的工作动能。工作事务造成的疲劳，可以通过交替不同的工作类型来调节，像温惠仁这类人，绝不可能什么都不干，他们完全可以通过一项活动来消解另一项活动带来的紧张感。

而对家庭的爱，是温惠仁的另一个基点。他爱自己的祖先，爱他引以为傲的父母，他的兄弟姐妹，还有最重要的，他的孩子们。

时光荏苒，死亡的阴影开始笼罩在温家的兄弟姐妹间。2018 年 4 月初，他赶往香港参加"大哥"弗朗索瓦（惠友）的葬礼，他被安葬于庞大的家族墓地，位于阿鲁的"永恒安息日"（Repos Eternel）中式墓园。在这里，可以感受到温家氏族的力量、宁静、传统，天主教仪式，波利尼西亚歌曲……

　　他的弟弟路易·温（惠芳）成了当地的产业大亨，涉足酒店、房地产、进口贸易和大宗分销，影响力越来越大。他旗下的豪华酒店事业正在大面积铺开。同时，他开始进军有机食品加工行业，培育种植本地产品，直接供货进入其连锁百货商店销售。

　　孩子和孙子们在温惠仁的生活里也占据着重要的一席，尽管他们时常分隔两地。他曾经努力并仍在努力为他们开辟一条道路。

　　托马斯正在继续他的学业。

　　布鲁诺、盖伊和米兰达都在父亲的监督下，在集团内部工作。

　　女儿米兰达负责设计工作室。她的第一位丈夫离世了，与第二位丈夫离婚的她有一个儿子。盖伊在南马茹提项目上投入了很多精力，那里是珍珠产量最高的环礁，声名远扬，也是温惠仁整个集团的重要基地……他与妻子住在一起，有两个孩子。

布鲁诺有四个孩子，他负责甘比尔农场和大溪地的农业公司，包括塔拉沃乳业。这里是一度辉煌的科马的遗留部分，如今已成长为一个大型企业，拥有 1 800 头奶牛，在塔拉沃高原的 3.9 平方千米土地上放牧，提供领土所需的大部分牛奶、酸奶和奶酪制品。不过，为了应对现金流的困境，规模正逐年缩减，特别是转售了它曾合并的香囊公司。

理查德、约翰尼、纪尧姆、亚历山德里娜（也是他唯一的孙女，布鲁诺的女儿）、让-塞巴斯蒂安、杰里米和布里安，是他的七个孙辈，他是永远的公公（Kung Kung），是那个微笑着洞察一切的祖父，保护着这些孩子，他们已经开始去往世界各个角落，继续各自的学业或事业，让-塞巴斯蒂安在巴黎，纪尧姆在伦敦，杰里米在蒙特利尔……

米兰达的儿子约翰尼在南马鲁塔的农场工作。布鲁诺的儿子之一理查德，则和父亲一起负责 TASC（Tahiti Air Service & Conciergerie）的商店。

TASC，大溪地私人航空服务及旅客接待基地，是温氏航空重启的私人豪华业务，也是温惠仁各项事业的主要支柱项目之一。目前，这间小公司在法阿机场拥有私人点位和私人喷气式飞机，接待极其富裕的那些富人客户，承接亿万富翁的商务旅行或定制专属度假游，由公司为顾客提供私人导游。

2014 年，为了庆祝自己的八十大寿，温惠仁在维拉的家中里组织了一场豪华盛大的派对，宴请宾客五百多人，由他的弟媳、路易的妻子露露亲自操办……

生命里的珍珠

本书的开头，温惠仁的父亲温鸿公在 1900 年中国南方广东的清溪镇小巷里奔跑。

罗伯特·温，亦即温惠仁，也是 Firmin Robert Wan，是温鸿公在大溪地十一个孩子中的第八个。2018 年的他依旧辗转于世界各地，全球各个角落都有他的生意和居所。

他在中国找到了自己的根。

我们追随着他，看他如何一路走来，如何一步步成为商界精英——在他口中那都是靠运气。他的心路历程铺就了一条黑珍珠之路。

我们试图了解他，讲述他的故事，回到他生活过的地方。我们穿越古今，尽可能地还原这些地点从蒙昧时期到当今时代的概貌。

2015 年，恐怖组织"伊斯兰国"（Daesh）声称对三起自杀式袭击负责。当时，位于圣丹尼斯的法兰西体育场正在举行一场足球比赛，突遭一伙武装分子的袭击；同时，在巴黎的某家餐馆和咖啡露天座，以及巴塔克兰歌剧院的演出现场，也都遭到了恐怖分子的袭击……2016年7月14日，尼斯市法国国庆日活动遭袭，一名恐怖分子驾驶卡车冲向正在观看巴士底日烟花表演的密集人群，造成大量死伤者，其中有许多是孩子……

世界各地骇人听闻的、致命的恐怖袭击正在轮番上演……国际社会正与恐怖分子进行艰苦卓绝的斗争，虽然产生了一定的效果，但无法从根本上消灭他们。生活在当代的我们，能够做什么？只有好好生活，保持希望。

温惠仁保持着希望。用精神力量，抵抗生活中的邪恶力量。

袭击发生的第二天，生活的力量仍继续着，让人们更坚定，更团结。温惠仁并没有为此改变自己的生活和工作轨迹。

打击恐怖主义的精神力量，赋予众人面对危险的勇气，鼓励人们淡忘痛苦的记忆，仿佛这些伤痛不曾发生那般继续为生活注入活力，激发对生命意义的追求……

一直以来，温惠仁都喜欢探讨哲学层面的问题，找寻生命的意义，追随自己的使命。

回到中国的寻根之旅，是他确认生活一系列动因和行动的重中之重。

他在清溪镇找到了自己的根。现在他的生活很大一部分重心在香港，他的小儿子在那儿上学。他还在那里建立了一个着眼未来的控股公司"ROBERT WAN LUXURY"，以香港这颗"东方之珠"为中心，辐射向全世界……

2017 年底，温惠仁遭受的黑珍珠危机终于告一段落。同年在帕皮提举办的有关黑珍珠未来发展的论坛上，官方确认，黑珍珠的产量正在向好，其价格也停止了下滑。

最近几年，政府和珍珠养殖者们纷纷意识到，必须停止滥发生产许可证，停止珍珠养殖场的无序增长，并阻止品质不合格的珍珠流入市场。他们意识到，因部分人的过失而造成的黑珍珠的衰落态势，必须通过对卓越品质的严格要求来重振大溪地珍珠应得的声誉。其实，温惠仁早在一开始就这样提倡，也是这么做的，可当时没有人听从他。

由海洋资源部组织的高端研讨会，提出了一项严格控制品质的开发项目。

温惠仁并不在场，他的儿子们也不在。他和这个组织脱离了关系。他在中国。

不过，他对 ROBERT WAN LUXURY 有信心，对 TASC 项

目亦然。同时，对于父亲钟爱的珍珠粉的开发，他也并没有完全放弃。事实上，他希望通过更有效的市场调研，来恢复旗下的护肤品产品线。

温惠仁步履不停。

温惠仁沉着思索。

他获得了成功，他感到骄傲。他本可以就此停止，不必继续承揽、推进、规划。

如果这样也没有任何问题。

但他的一生，不达目标誓不罢休，无论何时，都在追求更广阔的天地。83 岁的他，依然步履不停，孔夫子的教诲是指引他的明灯："学如不及，犹恐失之。"

长久以来，儒家的格言总在他需要的时候，给予他力量。对他来说，谨言慎行，甚至保持沉默是恰当的处世之道："三思而后行""沉默是金"。

还有其他来自儒家弘扬的美德，让他处事耐心，待人温和，他坚信："欲速则不达。"

温惠仁试图做出最好的决定，不紧不慢。凭借平和的心态与坚定的意志，他总能冷静地研究解决问题的方法——是采取治疗，还是进行切除手术，抑或适应现状——无论何种方式，都能让问题迎刃而解，或者至少可以把危害降到最低。

人生路上的磨砺，让他不断成长、强大，《三字经》中的这句格言始终回响在他耳边，他也是如此身体力行的："玉不琢，不成器。人不学，不知义。"

　　坚定人生的信念与生活信条、爱的力量、财富、生命里的珍珠，所有这些始终指引着温惠仁，成就了如今他的人生。

　　他生命里的珍珠，是那些相知相识、友谊爱情……这构建起他内在的底色与他外在的形象。他的智慧、幽默，他的工作能力，他的朴素、慷慨，以及对他人的尊重，这些令他闪耀着非凡的人格魅力。

　　一连串的小事迹如同他生命里的珍珠，见证了他的无私，对他人的关切，让他可以"四海之内皆兄弟"，都能做成事（甚至在法国的布里昂松或滨海自由城，也能找到他的朋友雷米·布卢安）。这样的故事有许许多多，其中就有贝亚特丽斯·韦尔诺东（Béatrice Vernaudon）描述的一些细节，温惠仁人生中又一颗闪亮的珍珠。

　　贝亚特丽斯是国民议会议员，法属波利尼西亚部长、比雷（Pirae）市市长。一个善良谦虚、开朗爱笑的女人。她是律师杰拉德·科庞拉特（Gérald Coppenrath）的女儿之一，也是两位主教兄弟米歇尔（Michel）和于贝尔·科庞拉特（Hubert Coppenrath）的侄女之一。

故事发生在 2004 年，当米歇尔主教去世时（他的兄弟于贝尔应其要求，接替成为普纳奥亚圣艾蒂安教堂主教），这个突如其来的消息，让四散各地的家人手足无措。贝亚特丽斯只能给温惠仁打电话。她无法想象自己的妹妹劳伦斯将缺席葬礼，可劳伦斯当时被困在了马库塞斯岛的塔华踏。显然不能指望大溪地航空。

那温惠仁的温氏航空呢？

贝亚特丽斯告诉我，温惠仁为她提供了飞机，包括马库塞斯的两位主教——退休的克莱亚什和仍在任职的舍瓦利耶主教，都乘上了那架飞机；可当贝亚特丽斯想要付账时，热心大方的温惠仁并没有接受。他低调地表示，这趟飞行不要钱。

同样，2017 年 11 月，法属波利尼西亚主席爱德华·弗里奇（Edouard Fritch）和海外代表团，受到教皇方济各的接见，以政府的名义赠予教皇一串由大溪地珍珠制成的华美念珠。但教皇并不知道那是来自温惠仁的礼物。

温惠仁本人并不是天主教徒，但一直以来他都向教会默默捐赠，作为支持，宗教是他和他孩子生活中的一部分。他也非常敬仰米歇尔主教阁下，他喜爱他的弗朗西斯圣殿。他曾向约翰二十三世献上过一串珍珠。

无私奉献。这亦是他生命里的珍珠。

除此之外，对香港、旧金山的初访；望见南马茹提岛的第一眼……都是温惠仁生命中闪耀着珍珠般光芒的时刻。

他对亲戚朋友的看法，对他人和陌生人的看法。

他对生活的热爱。那是融入这场生命之旅的爱。

他对父母充满感激之情。温惠仁说："是父母赠予我生命和不计回报的爱，他们言传身教，让我在这 83 年的生活中，受益匪浅，是无价的宝藏。"

孩子们的出生。无论是他的弟弟路易，还是他自己的孩子们。如奇迹，如魔法。

还有珍珠的孕育及诞生。每一天太阳照常升起，简单而奇妙。

吻的味道，肌肤的味道……

亦是一枚芒果、一串葡萄、一条鱼和酱汁的味道。

品尝，回味，享受。

当然，还有在运动后伸展身体的畅快感。

如果我们懂得如何自我适应，接受极限并充分享受仍然可能的一切，同时保持敏锐的感知力，那么变老就不算什么。做体操、散步、游泳、钓鱼、滑雪，这是对身体和智力的双重锻炼。

对不确定性的追寻，对灵魂的追寻。

所有的小乐趣和大乐趣：家庭的团聚，子孙绕膝的幸福，每一个朋友，每一个生活的地方……

还有面对挑战的快乐，完成工作的满足，漂亮而光明磊落地完成工作。从不受流言蜚语左右，对他人的评头论足一笑置之。自我的控制。独立，自主，自由。

温惠仁始终行动着，享受着，思考着。

这里不是他的终点，还有崭新的项目在等待他开拓。